W0196038

Prof. Dr. Otto Schober

KÖRPER-
SPRACHE

SCHLÜSSEL
ZUM VERHALTEN

Bedeutung und Nutzen der Körpersprache im Alltag

Originalausgabe

WILHELM HEYNE VERLAG
MÜNCHEN

HEYNE RATGEBER
08/9212

Copyright © 1989 by Wilhelm Heyne Verlag GmbH & Co. KG, München
Printed in Germany 1989
Umschlagfoto: Richard Kalvar
Umschlaggestaltung: Atelier Ingrid Schütz, München
Zeichnungen: Layout & Grafik Herbert Tausend, München
Satz: Kort Satz GmbH, München
Druck und Bindung: Presse-Druck Augsburg

ISBN 3-453-03437-6

INHALT

Schon sehr früh wollte ich
in alles Sichtbare ›hineinbeißen‹:
unsere Augen sind Organe wie
unser Mund.
Sich die Dinge so einzuverleiben,
das kommt noch vor jeder
wissenschaftlichen Beschäftigung
mit ihnen.

Gregory Bateson (S. 2),
amerikanischer Psychiater und
Mitbegründer der ›Kinesik‹,
der modernen Körpersprachforschung

EINFÜHRUNG

Immer wieder wird heute eine breite Öffentlichkeit mit dem Thema Körpersprache konfrontiert. Auch Sie, liebe Leserin und lieber Leser, kennen Buchtitel, Artikelüberschriften und Ankündigungen von Fernseh-Sendungen wie
- Lächeln verrät Hintergedanken
- Unsere geheimen Signale
- Der Körper kann nicht lügen
- Die lautlose Sprache
- Wie wir uns mit dem Körper verständigen
- Erfolg durch nichtsprachliche Kommunikation usw.

Hier wird also ein Thema angeschnitten, das für unseren Alltag, für unser privates und berufliches Leben, aufregende Einsichten verspricht. Aber andererseits geht es ja um Altvertrautes: unser Ausdrucksverhalten läuft automatisch ab, und ständig verstehen wir unsere Mitmenschen auch über ihre Körpersprache. So werden Sie sich mit Recht fragen, was Ihnen das vorliegende Buch bringt und worin es sich von anderen Schriften zu diesem Themenbereich unterscheidet.

Ich will Ihnen in diesem Buch keine undurchschaubaren Geheimnisse vorführen, etwa als jemand, der Körpersprache angeblich besser als Sie selbst ›lesen‹ kann. Solche isolierten Informationen würden Ihnen nichts nützen. Sie sollen vielmehr erfahren, wie Sie Ihre eigene Wahrnehmungsfähigkeit weiterentwickeln können und daß dabei einige Einsichten aus der neueren Forschung durchaus eine Hilfe sind. Deshalb stelle ich die Kommunikation durch Körpersprache in Zusammenhängen dar. Im *ersten Abschnitt* werden Sie sich mit den körpersprachlichen Zeichen der einzelnen Bereiche (Mimik, Gestik, Körperhaltung usw.) und ihren unterschiedlichen Funktionen beschäftigen. Das vermittelt Ihnen ein grundlegendes Rüstzeug, Körpersprache später in allen möglichen Situationen gezielter zu beobachten und bewußter mit ihr umzugehen. Im *zweiten Abschnitt* lernen Sie einige besonders wichtige Situationen und Formen zwischenmenschlicher Beziehungen kennen, bei denen Sie das anwenden und vertiefen können, was Sie im ersten Abschnitt an allgemeinen Zugängen und Begriffen zur Körpersprache erworben haben.

Sie lernen also auch wissenschaftliche Grundlagen kennen, aber natürlich in einer verständlichen Sprache und immer auf Ihre eigenen Beobachtungsmöglichkeiten bezogen. Es wäre wirklich schade, wenn Sie nicht sehen würden, wie gut Sie viele Erkenntnisse der Körpersprachforschung in Ihrem Alltag anwenden können. Fachausdrücke werden deshalb sehr selten eingeführt: nur dann, wenn sie zur Beschreibung wichtiger Gesetzmäßigkeiten der nichtsprachlichen Kommunikation unentbehrlich sind.

Generell gilt: Wenn Sie in diesem Buch lesen, seine Bilder betrachten, die vorgeschlagenen Beobachtungsübungen und kleinen Experimente durchführen, machen Sie immer auch Erfahrungen mit Ihrem Körper. Sie erleben, wie er stets an den Kommunikationsvorgängen, in denen Sie fortwährend stehen, beteiligt ist. Die vielen Informationen zur Körpersprache, über die wir heute verfügen, sind also kein ›Lernstoff‹; und nirgends bietet das Buch Muster zur Nachahmung angeblich vorbildlicher Haltungen und Bewegungen. (Warum das unsinnig wäre, wird Ihnen während der Lektüre zunehmend klar werden.) Ziel dieses Buches ist also, daß Sie die Aussagen auf eigene Erfahrungen beziehen können und Möglichkeiten erkennen, Körpersprache – Ihre eigene und die Ihrer Partnerinnen und Partner – zunehmend intensiv als Teil unserer alltäglichen Verständigung zu sehen.

Ob die Lektüre spannend für Sie wird, kann ich schwer abschätzen, obwohl ich sehr darauf bedacht war, mit interessanten Beispielen und Bildmaterialien zu arbeiten. Aber daß sich eine gewisse Mühe Ihrerseits lohnen wird, eine Übersicht über die ›Welt der Körpersprache‹ zu gewinnen, kann ich Ihnen schon vorab versprechen. Denn einerseits stellen wir im Alltag eine große Blindheit für körpersprachliche Mitteilungen fest; sei es, daß zwischen Eltern und Kindern, zwischen Partnern usw. über Jahre hinweg entscheidende Signale übersehen werden oder einfach die Fähigkeit fehlt, sie anzusprechen, sei es, daß etwa Gesprächsteilnehmern jedes Gespür für die offenen bzw. versperrten Mienen und Haltungen ihrer Gegenüber abgeht. Andererseits läßt sich – sogar durch ein Testverfahren, das Sie später kennenlernen werden – nachweisen, daß die Beschäftigung mit der Theorie der Körpersprache und entsprechende Beobachtungspraxis die persönliche Wahrnehmungs- und Ausdrucksfähigkeit vertiefen. In dem genannten Test, der die Sensibilität für Körpersprache und auch für den Erfolg einer gezielten Beschäftigung mit ihr mißt, schnitten die verschiedenen Berufsgruppen bezüglich ihrer ›Dekodierungsfähigkeit‹ (Entschlüsselungsfähigkeit) sehr unterschiedlich ab: An der Spitze standen Schauspieler, aber dann folgten schon Wissenschaftler, die sich mit nichtsprachlicher Kommunikation befassen!

Diese Auseinandersetzung mit Körpersprache besteht aber beim Wissenschaftler wie beim Laien nicht im Erwerb eines ›Wörterbuchs‹ einzelner Signale, das in der Vielfalt lebendiger Situationen niemals anwendbar wäre.

Eine sinnvolle Beschäftigung mit Körpersprache besteht vielmehr in der *ständigen Schulung unserer Wahrnehmung.* Zunächst unserer Wahrnehmung dafür, daß sich jede Absicht eine Ausdrucksmöglichkeit sucht, wir also mit Stimme, Haltung und Bewegung ständig ›Erklärungen‹ über die Sprache hinaus abgeben. Weiterhin geht es um eine Wahrnehmungsschulung dafür, daß unser reiches nichtverbales Instrumentarium ein *Regulierungsmittel* für zwischenmenschliche Beziehungen ist.

Wer so zu sehen begonnen hat, wird in diesem Feld von sich aus mehr und mehr Entdeckungen machen. Wissenschaftliche Unterscheidungen erweisen sich dabei als Stütze.

Zwei Dinge noch sind für die Benutzung dieses Buches wichtig. Immer, wenn ein Autorenname erscheint, jemand also zitiert oder auf eine Aussage oder Forschung von jemandem hingewiesen wird, finden Sie ihre/seine entsprechende Veröffentlichung hinten im Literaturverzeichnis angegeben. Die Seitenzahl des Zitates oder der Stelle, auf die wir uns beziehen, steht gleich in Klammern in unserem Text. Schon beim Durchblättern wird Ihnen auffallen, daß nach nahezu jedem Kapitel und Unterkapitel ein besonders hervorgehobener Einschub folgt. Dabei handelt es sich um kleine Beobachtungsübungen und Experimente, zu denen ich Ihnen besonders viel Spaß wünsche.

Als Autor möchte ich einigen der Menschen danken, die für mich im Zusammenhang des Themas persönlich wichtig wurden. Da sind zunächst die Fachkollegen Ernst Apeltauer, Theodor Diegritz, Heiner Ellgring und Heinz S. Rosenbusch, die mir in der wissenschaftlichen Auseinandersetzung weiterhalfen. Die ersten praktischen Schritte in einer Gruppenarbeit, die auf verbesserte Wahrnehmung von Körpersprache zielte, durfte ich mit Horst Rückle und Peter Rosner machen.

I

ZUGÄNGE ZUR KÖRPERSPRACHE

1

KÖRPERSPRACHE

UND DIE

›WELT DER ZEICHEN‹

Wir sind ständig von einer Fülle von Zeichen umgeben. Es gibt gesprochene und geschriebene Wörter, Schilder, Markenzeichen und natürlich vielfältige menschliche Gebärden. All diese Zeichen lenken uns, und wir beeinflussen andere durch sie. Welche Stellung nimmt nun die Körpersprache in dieser ›Welt der Zeichen‹ ein? Wie können wir durch eine solche Einordnung besser verstehen, was Körpersprache ist? Zur Beantwortung dieser Fragen benutzen wir einen bewährten Versuch, drei grundlegende Zeichenarten zu unterscheiden (vgl. Schobera 1987). Körpersprache gibt es im Rahmen jeder dieser drei Arten, jedenfalls, wenn wir den Begriff ganz wörtlich nehmen und damit zunächst einmal die durch den Körper gemachten Mitteilungen außerhalb der Sprache verstehen.

›Symbole‹

Zur ersten Zeichenart: Zeichen, die eine ganz klar definierte Bedeutung haben, nennt man Symbole. Für die Sprachwissenschaftler sind die meisten Wörter Symbole. Die Wissenschaft, die sich mit der Gesamtheit aller sprachlichen wie nichtsprachlichen Zeichen befaßt, die sogenannte Semiotik, kennt diesen Begriff auch und verwendet ihn für alle Zeichen, die auf Vereinbarung beruhen und deren Bedeutung von den Benutzern gelernt werden muß. Dieses Lernen beginnt mit der Muttersprache und wird uns bei Fremdsprachen als große Mühe bewußt. Ähnliches gilt auch für den Erwerb mathematischer Zeichen, mancher Verkehrszeichen usw. Heute stehen wir auch als Erwachsene im Alltag dauernd in solchen Lernprozessen, etwa, um mit den Beschriftungen, Abkürzungen und graphischen Zeichen auf neuen Geräten zurecht zu kommen. Aber gibt es nun auch durch den Körper sichtbar vermittelte Zeichen, die symbolisch im Sinne der obigen Definition sind? Oder, anders ausgedrückt, die ›codiert‹ sind und nur vom Kenner ›decodiert‹, d. h. entschlüsselt werden können? Bei dieser Frage merken wir gleich, daß wir bei dem Wort ›Körpersprache‹ mehr an spontane Ausdrucksbewegungen denken, aber nur in Ausnahmefällen an ganz eindeutige, eigens vereinbarte oder einem festen Code zugehörige und zu erlernende Zeichen. Einige Beispiele lassen sich jedoch finden. Aus dem Sport kennt jeder symbolische Gesten, zum Beispiel solche, mit denen der Schiedsrichter verbindliche Anweisungen gibt. Ähnlich benutzen Polizei, Feuerwehr und Militär Handbewegungen, die auf Vereinbarung beruhen.

Körpersprachforscher bezeichnen symbolische Gesten auch als Embleme. Sie meinen damit Kopf-, Hand- und Armbewegungen, die sich in einen kurzen sprachlichen Ausdruck fassen lassen und tatsächlich oft mit der Äußerung von ein, zwei Wörtern einhergehen. Embleme müssen aber (anders als die meisten Bewegungen, mit denen wir unsere Reden begleiten) auch ohne Sprache eindeutig sein. Natürlich wird der gleiche Sachverhalt in verschiedenen Kulturkreisen meist in einem jeweils anderen Emblem gefaßt. Hier einige Beispiele von Ekman (1977, S. 181 und 186):

Emblem in Amerika   für ›okay‹

Embleme für Selbstmord in verschiedenen Ländern

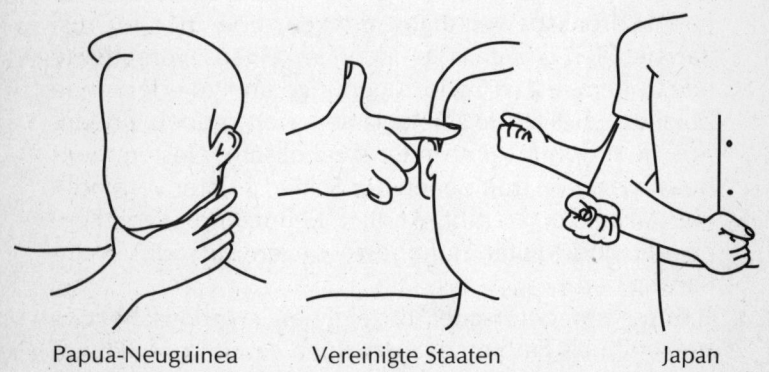

Papua-Neuguinea   Vereinigte Staaten   Japan

Abb. 1
Gesten und Bewegungen mit festgelegter
(kodierter) Bedeutung

Das abgebildete amerikanische Emblem für ›okay‹ steht bei uns für den gleichen Sachverhalt, sicher aber nicht überall auf der Welt. (Für einen Japaner heißt es ›Geld‹, für einen Franzosen kann es ›Null! Taugt nichts!‹ bedeuten, wenn es nicht von einem Lächeln begleitet ist. Und bekanntlich begegnet man ihm bei uns auch gelegentlich in obszöner Bedeutung.) Die verschiedenen Gebärden für ›Selbstmord‹ erklären sich beim Betrachten der Skizzen leicht aus den jeweiligen kulturellen Hintergründen. Solche Unterschiede können auch zu peinlichen Mißverständnissen führen, so etwa, wenn sich zwei Staatsmänner treffen, in deren Kulturen die gleiche Körperbewegung verschiedene Inhalte ausdrückt. Ekman (1977, S. 193) gibt ein solches Beispiel: »Als Breschnjew die Vereinigten Staaten besuchte, benutzten Nixon und er bei ihren öffentlichen Auftritten bestimmte Embleme, um den ›Geist der Entspannung‹ zu verbreiten. Nixon setzte das typische amerikanische Handwinken ein, ein Gruß-emblem. Breschnjew pflegte bei diesen Auftritten mit gestreckten Armen in die Hände zu klatschen und die Hände dabei bis zur Höhe seines Gesichts hochzuheben. Dies ist ein sowjetisches Freundschaftsemblem. Es war ihm bedauerlicherweise wohl unbekannt, daß diese Gebärde das amerikanische Emblem für ›Ich bin der Sieger‹ darstellt, das fast ausschließlich im Zusammenhang mit Boxkämpfen benutzt wird.«

Sicher sind Menschen verschiedener Nationalität ständig der Gefahr ausgesetzt, einander beim Gebrauch von Zeichen zu befremden. So wollte ein deutscher Tennisspieler seinem persischen Partner mehrfach mit von der Faust nach oben gestrecktem Daumen sagen: »Toll, dein Ball!« Der so Gelobte raffte sich aber nach einiger Zeit auf und sagte: »Das sollst du nicht machen. Bei uns heißt das: ›Setz dich drauf!‹«

Von symbolischen Gesten könnte man auch bei der Taubstummensprache reden, wenn dort zum Beispiel unser Alphabet durch genau festgelegte Finger- und Handbewegungen nachbuchstabiert wird. Hier wird ein Code exakt in einen anderen übertragen. Freilich ist das nur ein sehr kleiner Sonderbereich, und er läßt keine schnelle Verständigung zu. Eine solche unterstützen Taubstumme, ihre Lehrer und Dolmetscher vielmehr mit einer Vielzahl von Gebärden, mit denen komplexe Sachverhalte anschaulich vermittelt werden. Diese Gebärden gehören einem Gesamtcode an, der für eine bestimmte Region gilt. Nach Möglichkeit versuchen sie, eine Nachahmung zu leisten. Dadurch erkennt auch der Nichteingeweihte manche Bedeutung oder vollzieht sie zumindest rasch nach, wenn er den vom Taubstummen mitgeteilten Text über einen Dolmetscher hört beziehungsweise ihn im Fernsehen visualisiert bekommt. Damit rücken die meisten dieser Gebärden (wie auch schon viele unserer alltäglichen Embleme) nahe an die jetzt zu zeigende zweite Zeichenart heran oder entsprechen ihr.

›Nachahmende Zeichen‹

Die zweite Zeichenart besteht aus den nachahmenden Zeichen, also solchen, die etwas mehr oder weniger genau abbilden und die dadurch auch leichter verständlich als die Symbole sind. Sprachliche Zeichen sind normalerweise Symbole. Aber manchmal sind Wörter auch ›abbildend‹, nämlich schallnachahmend oder lautmalerisch (*Kuckuck, Gong, bimmeln*). Auch unsere Schriftzeichen sind ganz klare Symbole. Bilderschriften hingegen bestehen aus abbildenden Zeichen. Verkehrszeichen und Zeichen auf Armaturen und ähnliches können Symbole ohne abbildende Qualitäten sein; meist handelt es sich dabei aber, um leichteres Erfassen zu ermöglichen, um nachahmende Zeichen. Die Schilder ›Vorfahrtsstraße‹ und ›Steinschlag‹ sind beide codierte Zeichen. Aber nur im zweiten Fall bildet das Zeichen auch etwas von der gemeinten Sache ab. Für unsere Bahnhöfe, Flughäfen, großen Sportaustragungsstätten und ähnliches hat man mit den Piktogrammen (Bildzeichen mit international erkennbarer Bedeutung) stark nachahmende Zeichen entwickelt, die auch ohne einschlägige Sprachkenntnisse den Weg zum Schließfach, zur Cafeteria, zur Schwimmhalle usw. anzeigen.

Selbstverständlich produzieren und vermitteln wir auch mit dem Körper ständig nachahmende Zeichen. Im strengen Sinn des Begriffes können wir diesen all die Zeichen zurechnen, die sowohl in ihrer Bedeutung festgelegt sind als auch das Gemeinte mehr oder weniger abbilden – Beispiele dafür nannte ich bereits. Nun unterstützen wir unser Reden aber auch mit recht individueller Gestik oder werden mit unserer Körpersprache sehr erfinderisch, wenn Sprechen nicht möglich ist. Wenn wir gestikulieren, damit uns jemand das Fenster aufmacht oder etwas zu trinken bringt, ahmen wir die erwünschten Bewegungsabläufe nach, meist, ohne uns auf bereits eingeschliffene Gebärden mit codierten Bedeutungen verlassen zu können. Durch ihre Situationsbedingtheit, Spontaneität und große Variationsbreite befinden sich solche Äußerungen im Übergang zur dritten und letzten grundlegenden Zeichenart.

›Anzeichen‹

Die Zeichen der dritten Art heißen Anzeichen. Sie entstehen unvermittelt und werden in ihrer Bedeutung meist richtig erfaßt beziehungsweise lösen rasche, vielfach unbewußt bleibende Reaktionen aus. Beispiele aus dem sprachlichen Bereich sind Empfindungswörter wie ah, ih, au, die ja oft aus unmittelbarer Erregung heraus geäußert werden. Die Wissenschaft von den Zeichen, die schon erwähnte Semiotik, spricht auch von Anzeichen, wenn Rauch auf Feuer oder Fieberröte auf eine Infektion schließen lassen. Nun sind das freilich keine beabsichtigten Zeichen oder bewußten Handlungen mit Zeichen, aber der Mensch nimmt die Gegebenheiten als Zeichen, weil er die kausale Verbindung von etwas Äußerem mit einer dahinter stehenden Ursache sieht. Ganz offensichtlich sind viele unserer Körpermitteilungen in ähnlicher Weise unbewußt erfolgende Anzeichen, mit denen wir Stimmungen und Gefühle zum Ausdruck bringen. Stirnrunzeln kann ein solches Anzeichen sein – freilich nur, wenn es nicht planvoll als Zeichen im strengen Sinn des Wortes eingesetzt wird, etwa, um dem Gegenüber bewußt zu signalisieren, daß man seine Aussage bezweifelt.

Es ist also ein Unterschied zu sehen zwischen ungeplanter Reaktion und der gezielten Mitteilung, zum Beispiel durch ein mimisches Emblem. Sicher teilen wir auch mit Emblemen – Beispiele aus dem Bereich der Gestik wurden oben schon ausführlich erläutert – Emotionen mit, aber so, daß wir sie in ihrer Funktion des Bezeichnens verwenden. Wir wissen alle, daß Embleme kürzer oder länger als der normale Ausdruck der Emotion ausfallen und auch ganz verschieden stilisiert werden können. Ekman hat, um dies exakt nachzuweisen, die Muskelspannung gemessen und herausgefunden, daß diese vom einzelnen je nach Absicht und Situation verstärkt oder geschwächt wird. Das körpersprachliche Anzeichen einer Emotion ist dagegen ihr direkter, relativ ungesteuerter Ausdruck. Deutliche Beispiele dafür sind universelle Gesichtsausdrücke, also solche, mit denen sich die Menschen auf der ganzen Welt in gefühlsbetonten Situationen ausdrücken. In der Erklärung Ekmans (1977, S. 188): »Die Kombination der Muskelbewegungen, die aus Ärger, Furcht, Überraschung, Trauer, Abscheu, Freude (und vermutlich auch aus Interesse) gemacht werden, sind bei allen Vertretern unserer Gattung die gleichen. Kulturelle Unterschiede gibt es bei dem Bemühen, solche Gesichtsausdrücke zu steuern und die Ursachen einer Emotion zu verbergen.«

Zusammenfassung

Unsere Körpermitteilungen sind also von sehr verschiedener Art. Die Spannweite reicht von Zeichen, die keinen Zusammenhang mit der gemeinten Sache erkennen lassen, aber aufgrund einer Vereinbarung in einer bestimmten Bedeutung verwendet werden, über nachahmende Zeichen, die ebenfalls bedeutungsmäßig festgelegt sind, aber Ähnlichkeiten mit dem Gemeinten aufweisen, zu individuell geprägten abbildenden Zeichen und schließlich zum weiten Feld des direkten Gefühlsausdrucks im spontanen Anzeichen. Es ist offensichtlich dieser zuletzt genannte Bereich, der das Interesse des einzelnen, dem es um die Verbesserung seiner Kommunikationsfähigkeit geht, besonders anzieht. Die Eigentümlichkeit dieses Bereiches der Körpersprache im engeren Sinne ist aber besser zu verstehen und zu diskutieren, wenn man seine Stellung innerhalb aller mit dem Körper mitgeteilten Zeichen und in der ›Welt der Zeichen‹ insgesamt erkennt. Welche Bezeichnungen im einzelnen verwendet werden, ist weniger wichtig, als zu sehen, daß ›Symbole‹ und ›Anzeichen‹ zwei Pole bilden, zwischen denen es viele Übergänge von Zeichenart zu Zeichenart gibt.

Können Sie die hier dargestellten körpersprachlichen Mitteilungen in eine Reihenfolge bringen? Es soll einerseits der Pol ›Bedeutungsmäßig genaue Festlegung ohne Ähnlichkeit von Zeichen und Gemeintem‹ und andererseits der Pol ›Anzeichen aktuell bestehender Gefühle‹ bestimmend sein. Am Anfang sollen also Zeichen stehen, die keine oder nur geringfügige nachahmende Qualität haben. Dann kämen abbildende Zeichen – von solchen mit codierter Bedeutung bis zu mehr aus der Situation heraus individuell entwickelten –, und am Schluß stünden spontane, in der jeweiligen Emotion begründete Äußerungen.

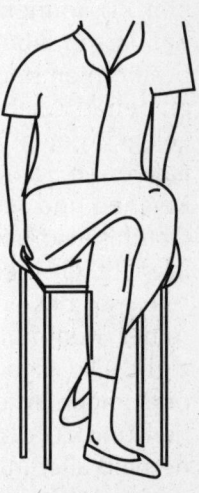

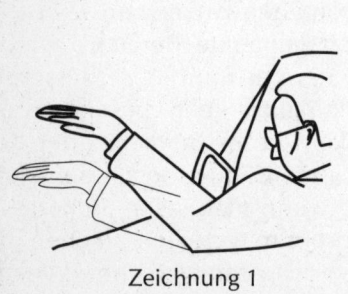

Zeichnung 1   Zeichnung 2

Abb. 2

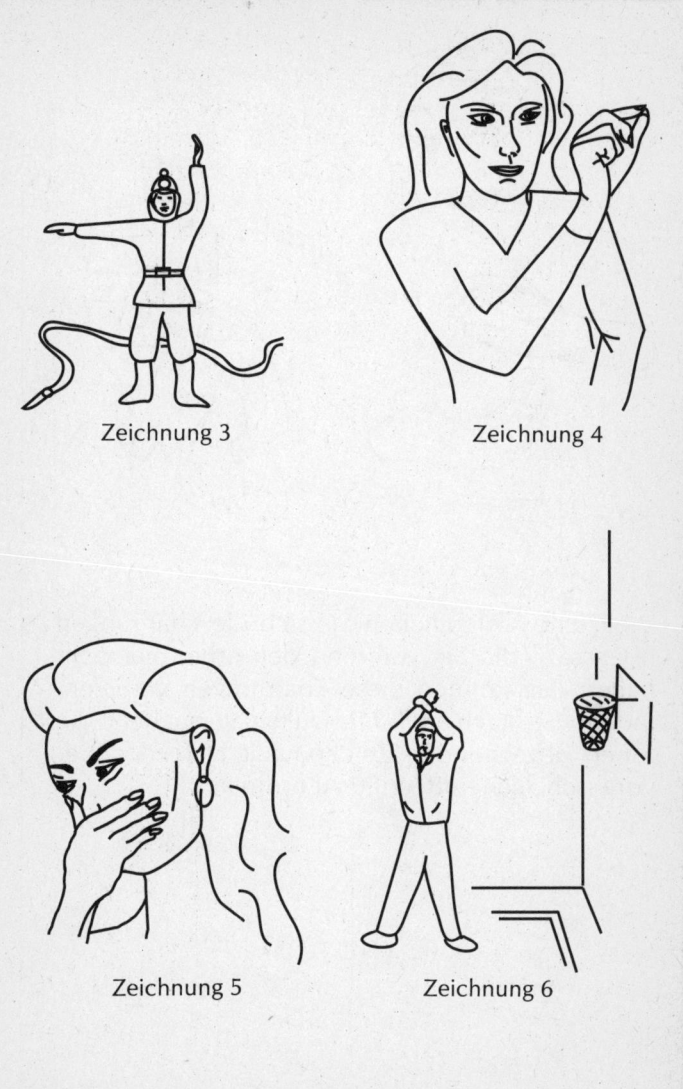

Zeichnung 3

Zeichnung 4

Zeichnung 5

Zeichnung 6

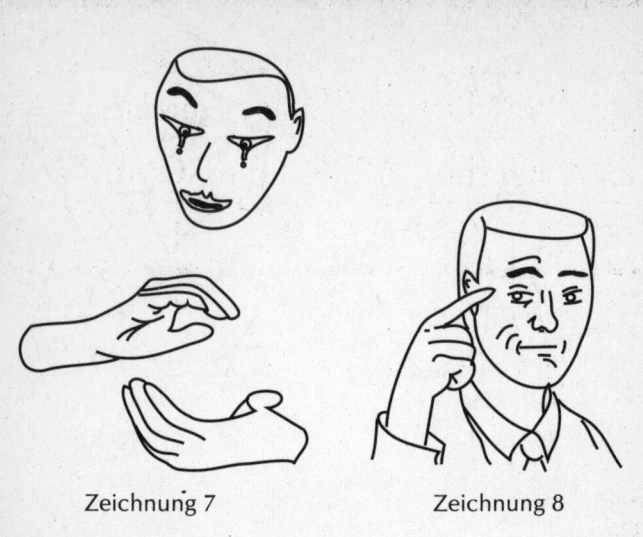

Zeichnung 7   Zeichnung 8

Vielleicht verdeutlichen Sie sich die Erfahrungen nochmals, die Sie während der Arbeit gemacht haben. Sie können diese Erfahrungen vertiefen, indem Sie auch in Ihrem Alltag versuchen, die Ihnen begegnenden Zeichen mit Hilfe der hier vorgeschlagenen Begriffe zu ordnen.

2

DER ÜBERGANGSBEREICH

ZWISCHEN WORTSPRACHE UND

KÖRPERSPRACHE

Mit ›Körpersprache‹ meinen wir den Bereich sichtbarer Körpermitteilungen. Die verbale Sprache oder Wortsprache gehört dagegen einem Bereich an, in dem Laute die Träger der Übermittlung sind und die Gesetze der jeweiligen Muttersprache gelten. Es ist offensichtlich sinnvoll, diese zwei Areale auseinanderzuhalten. Körpersprachforschung möchte ja gerade über die Sprache hinausgehen und die nichtsprachlichen Mitteilungen als neues Feld für wissenschaftliche Untersuchungen gewinnen. Trotzdem ist eine strikte Trennung schwer durchzuhalten. Zumindest liegt es nahe, bei der Beobachtung körperlicher Äußerungen auch jene lautlichen Erscheinungen miteinzubeziehen, die sich eng mit Gefühlszuständen und Ausdruckshandlungen verbinden. Wie nahe sich die Bereiche verbaler Sprache und Körpersprache (als nichtlautliche Kommunikationsform) kommen können, läßt sich beispielsweise an den schon erwähnten Empfindungswörtern zeigen. ›Ah!‹, ›ach!‹, ›au!‹, ›oh!‹, ›pfui!‹, ›hm!‹ sind Wörter unserer Sprache – sie stehen im Duden. Und nicht nur das

Wörterbuch beschäftigt sich mit ihnen, sondern auch die Grammatik, die sie als Wörter erkennt, mit denen wir unsere Dialoge steuern und gliedern. Gleichzeitig hängen diese Wörter meist ganz unmittelbar mit Erregungszuständen zusammen und können deren weitgehend spontaner Ausdruck sein.

Wenn jemand ausdrucksvoll ›ih!‹ sprechen soll, wird er auch körperliche Anzeichen des Ekels demonstrieren, und bei einer aktuellen Ekelempfindung liegt die Äußerung des entsprechenden Empfindungswortes nahe. Darwin (S. 87 f.) hat als einer der ersten systematisch über solche Zusammenhänge nachgedacht und dabei immer auch die gemeinsamen Wurzeln des Ausdrucksverhaltens bei Mensch und Tier im Auge behalten. Ebenso interessierte ihn, »daß die Sprache unter Erregung des Gemüths ... in inniger Beziehung zur Vocalmusik, und folglich auch zur Instrumentalmusik steht«.

So geht Darwin bei seinen Überlegungen von der Arbeit eines Zeitgenossen über den Ursprung der Musik aus:

»Der Charakter der menschlichen Stimme unter dem Einflusse verschiedener Seelenregungen ist von Herbert Spencer in seinem interessanten Aufsatze über Musik erörtert worden. Er zeigt deutlich, daß die Stimme unter verschiedenen Bedingungen sich bedeutend in der Lautheit und Qualität ändert, d. h. in der Resonanz und im Timbre, in der Höhe und den Intervallen. Es kann wohl niemand einen beredten Sprecher oder einen Prediger, dann einen Menschen, der zornig einen Anderen anschreit, oder einen, welcher Erstaunen über etwas ausdrückt, hören, ohne von der Wirkung der Bemerkung Spencers frappirt zu sein. Es ist merkwürdig, wie früh im Leben schon die Modulation der Stimme ausdrucksvoll wird. Bei einem meiner Kinder bemerkte ich, ehe dasselbe zwei Jahre alt war, deutlich, dass das ›Hm‹ der Zustimmung durch eine leichte Modulation stark emphatisch gemacht wurde, während ein eigenthümlich winselndes Verneinen eine obstinate Bestimmtheit ausdrückte... Dass die Höhe der Stimme in gewisser Beziehung zu gewissen Empfindungszuständen steht, ist ziemlich klar. Eine Person, welche sich ruhig über schlechte Behandlung beklagt oder welche unbedeutend leidet, spricht beinahe immer in einem hohen Tone. Wenn Hunde ein wenig ungeduldig sind, geben sie so oft einen hohen pfeifenden Ton durch die Nase, der uns sofort als klagend auffällt; wie schwer ist es aber zu wissen, ob der Laut seinem Wesen nach ein klagender ist oder nur in diesem besonderen Falle als solcher erscheint, weil wir aus Erfahrung gelernt haben, was er bedeutet...«

Sicherlich ist, wie Darwin andeutet, Vorsicht geboten, wenn man menschliche Vokale zur Beschreibung tierischer Gefühlszustände benutzt. Lautäußerungen, die Mensch und Tier gemeinsam sind, veranlassen uns jedoch, auf entsprechende ›Seelenzustände‹ zu schließen; so, wie auch zwischen Menschen der ›Affektlaut‹ – jetzt in der Formulierung eines modernen Sprachpsychologen – unmittelbar gefühlsmäßig verstanden wird, »also auf eine Weise, die elementarer und vitalschichtnäher ist als das Erfassen von Sprachäußerungen« (Kainz, S. 240). Es geht hier um eine Art und Weise des Aufnehmens vokaler Erscheinungen, die dem spontanen Erfassen sichtbarer Körpermitteilungen vergleichbar ist.

Dies veranlaßt auch die meisten Körpersprachforscher, »nonverbale Vokalisierungen« beziehungsweise »nonverbale Aspekte des Sprachverhaltens« (so drücken sich Argyle beziehungsweise Scherer aus) in ihre Untersuchungen einzubeziehen. Dabei werden dann immer wieder Übergänge von Hörbarem und Sichtbarem deutlich.

So kann die Betonung des Gesprochenen schwächer werden und in eine vielleicht nur noch sichtbare Schluckbewegung übergehen, oder es treten freundlicher Klang der Stimme und hörbares wie sichtbares Lachen zusammen auf. Es ist also zwar etwas ungenau, aber durchaus praktisch, unter ›Körpersprache‹ auch der ›Vitalschicht‹ eng verbundene Lautäußerungen zu fassen.

In Einzelfällen verwendet man statt des praktischen Begriffes Körpersprache auch genauere, aber dann kompliziertere Begriffe. Die Wissenschaft von der Körpersprache oder der ›nichtsprachlichen (nonverbalen) Kommunikation‹ stellt gerne zwei große Bereiche einander gegenüber: die *sprachliche Kommunikation* und die *nichtsprachliche Kommunikation*. Innerhalb der hier interessierenden nichtsprachlichen Kommunikation gibt es drei Arten. In der Mitte steht

1. die nichtlautliche: Sie entspricht der Körpersprache in einem auf das Visuelle eingeschränkten Sinn. Daneben gibt es

2. die lautliche; zu ihr gehören sowohl eng mit der Sprache verbundene Erscheinungen (Betonung und Sprech-Pausen-Verhalten zum Beispiel) als auch selbständige Lautäußerungen (Lachen oder Seufzen zum Beispiel),

3. kann schließlich in solchen Gegenständen eine weitere Art nichtsprachlicher Kommunikation gesehen werden, mit denen Menschen ihr Auftreten verbinden (Kleidung, Wohnung, Arbeitstisch etc.). Dieses Begriffssystem, mit dem sich genauer als mit dem Begriff ›Körpersprache‹ arbeiten läßt, kann in folgender Skizze (nach Rosenbusch/Schober [Hrsg.], S. 6) dargestellt werden:

Nichtsprachliche Kommunikation

Lautlich	**Nichtlautlich**	**Gegenständlich**
(Durch hörbare sprachbegleitende und -unabhängige Erscheinungen)	(Durch sichtbare Körperbewegungen)	(zum Beispiel durch Kleidung)

Dem Bereich zwischen hörbarer Wortsprache und sichtbarer Körpersprache können Sie in diesen kleinen Versuchen gezielt auf dem Weg der Eigenerfahrung begegnen:

1 *Glauben Sie, daß das so ausreicht?*
Geben Sie diesem Satz möglichst viele Bedeutungen, indem Sie jeweils verschiedene Wörter betonen.

2 Schreiben Sie bitte eine Äußerung auf, die Sie vor kurzem gehört oder selbst gesprochen haben. Tragen Sie diese zweimal in extrem unterschiedlicher Form vor: einmal ohne jedes Mitschwingen von Gefühlen, dann so ausdrucksstark wie möglich.

3 Vielleicht machen Sie mit einer Partnerin oder einem Partner auch noch das *Ja/Nein-Spiel*. Eine beziehungsweise einer hat die Ja-Rolle, sagt also nichts als dieses Wort, eine andere beziehungsweise ein anderer hat die Nein-Rolle. Körpersprachliche Unterstreichungen, also der Einsatz von Mimik, Gestik, Bewegung, müssen unterbleiben. Bitte das Spiel auf eine Minute beschränken. Und suchen Sie sich zum gemeinsamen Spiel jemanden, mit dem Sie sich gut aussprechen können, wenn besonders angenehme oder belastende Erinnerungen geweckt werden.

3

BEREICHE

DER

KÖRPERSPRACHE

Nachdem deutlich wurde, welchen Anteil die Körpersprache an der ›Welt der Zeichen‹ hat und welche Be-
rührungspunkte zwischen Wortsprache und Körpersprache bestehen, werde ich nun erläutern, welche
einzelnen Bereiche innerhalb der Körpersprache zu
beachten sind. Ich werde für Mimik, Blickverhalten,
Kopfhaltung und -bewegung, Gestik und Bewegungen
der Zu- und Abwendung sowie für das ›Raumverhalten‹ die wichtigsten Funktionen aufzeigen. Nun werden uns im Alltag die zahlreichen Einzelheiten unserer
sichtbaren Bewegungen (und die vielfältigen Formen
unseres lautlichen Verhaltens) nicht einmal annähernd
bewußt. Wir zeigen für unsere Mitmenschen einen Gesamtausdruck, und sie gewinnen einen ganzheitlichen
Eindruck von uns. Auch größtes Einzelwissen und
lange Übung im bewußten Umgang mit Körpersprache
würden daran nicht viel ändern. So wird ein wichtiges
Ergebnis unserer Übersicht über die Bereiche der Körpersprache sein, daß diese in höchst komplexer Weise
zusammenwirken und daß sich willensgesteuerte wie

auch unwillkürliche Ausdrucksformen auf verschiedene Weise mischen. Die Frage, was für den Teilnehmer an der Kommunikation beobachtbar und trainierbar ist, wird deswegen je nach Situation sehr differenziert beantwortet werden müssen. Die folgende Übersicht über die Bereiche der Körpersprache bedeutet also nicht, daß aus ihr ein direkt umsetzbares Trainingsprogramm für das bewußte Beobachten und Einsetzen körpersprachlicher Elemente abgeleitet wird. Auch kann sie nicht bedeuten, daß jeweils einem bestimmten Gefühl eine bestimmte Weise des Ausdrucks zugeschrieben wird. Warum das nicht möglich ist, soll eine eigene Vorklärung zeigen.

Unterschiede im Gefühlsausdruck

Wenn man fragt, welches Gefühl in der Körpersprache eines Menschen gerade zum Ausdruck kommt, kann man auf verschiedenes abzielen: auf einen kurzzeitig auftauchenden Affekt, auf einen länger anhaltenden Antriebszustand (hier spricht man dann oft von Stimmung statt von Gefühl) oder schließlich auf eine für die einzelne Persönlichkeit kennzeichnende und weitgehend verfestigte Grundgestimmtheit. Eine weitere Schwierigkeit beim Reden über die emotionalen Grundlagen unseres Handelns liegt darin, daß wohl jedermann viele Arten von Gefühlen und Gefühlsmischungen aufzählen kann, aber ohne daß wir in der Lage sind, solche Aufzählungen zahlenmäßig klar zu begrenzen und systematisch zu gliedern. Die Verhaltensforschung und die Körpersprachforschung müssen aber einen nachprüfbaren Weg gehen und einen begrenzten Gegenstand ihrer Untersuchungen haben. Deshalb nehmen sie einige elementare Gefühle oder

Grundemotionen als Ausgangspunkt und setzen sie in Beziehung zu beobachtbaren typischen Ausdrucksformen. Diese Ausdrucksformen erscheinen aber bei den einzelnen Menschen nicht automatisch und gleichbleibend, sondern je nach den in einer Kultur, Gruppe, Familie usw. vorliegenden und von den Individuen erlernten ›Darbietungsregeln‹ auf modifizierte Weise (vgl. Ekman 1988, der in diesem Zusammenhang von den ›display rules‹ spricht).

Für die Japaner ist bekannt, daß sie ihren Gefühlsausdruck besonders streng kontrollieren. Es wurde bei japanischen Versuchspersonen wissenschaftlich untersucht, daß sie »Streßreaktionen im Gesicht nur dann zeigten, wenn sie sich allein wähnten, nicht jedoch, wenn sie sich beobachtet fühlten« (Argyle, S. 208). Ähnliches kennen wir aber auch von uns: oft verziehen wir vor anderen möglichst keine Miene, um aber dann, wenn wir für uns sind, um so stärker alle Zeichen des Ärgers, der Wut, der Verachtung usw. zu zeigen. (Gelegentlich gibt es aber auch genau umgekehrte Verhältnisse. So meint zwar jedermann, daß die Zuschauer eines Gruselfilms grundsätzlich mit verzerrtem Gesicht dasitzen. Eine Untersuchung von Frey [S.53] ergab jedoch: »Wenn die Versuchspersonen allein waren, verzogen sie selbst bei den packendsten Szenen des Films keine Miene. Wenn ihnen dagegen jemand gegenübersaß, zeigten sie bei der Vorführung derselben Filmszene auf einmal starke mimische Reaktionen.« [S. 53] Es ist hier also der Kommunikationspartner, der eine aktive Mimik auslöst!)

Eine Skizze soll nun den Zusammenhang von Grundemotionen und Darbietungsregeln verdeutlichen (sie sind hier auf vier Techniken zur Regelung des Gesichtsausdrucks bezogen – vgl. dazu von Salisch):

Maskierende Darbietung

	Freude	
	Ärger	
Vergrößernde	**Überraschung**	Verkleinernde
Darbietung	**Furcht**	Darbietung
	Ekel	
	Verachtung	
	Trauer	

Neutralisierende Darbietung

Wir kontrollieren unser Gefühlsverhalten somit nach Regeln, die uns sagen, »wer wann welches Gefühl wem gegenüber zeigen darf« (Ekman 1988, S. 30). Ekmans Beispiele beziehen sich zunächst auf kulturell geprägte Darbietungsregeln. So übernehmen »manche amerikanischen Mädchen der Mittelschicht das Verbot, ihren Ärger zu zeigen, oder das Gebot, den Ärger durch Trauer zu ersetzen, so gut, daß sie später, wenn sie sich davon frei gemacht haben, einige Mühe haben, ›ihren Ärger loszuwerden‹«.

Persönliche Darbietungsregeln beruhen auf individuellen und lebensgeschichtlichen Erfahrungen. Manchmal geraten sie allerdings mit den kulturbedingten Normen und Konventionen in Konflikt: »Eine Frau kann zum Beispiel die persönliche Darbietungsregel haben, niemals Kummer oder Betrübtheit zu zeigen; dieser Umstand kann sie, je nach Kulturzugehörigkeit, bei einem Trauerfall in Verlegenheit bringen, wenn von ihr als Witwe gerade der Ausdruck solcher Gefühle erwartet wird.« (Ebd.)

Von früher Kindheit an lernen wir also, je nach der Rolle, die wir spielen, und je nach der Situation, in der

36

wir stehen, Gefühle auszuleben und zu zeigen oder ihren Ausdruck zu verändern und hinter einer Fassade zu verbergen.

Sich mit Körpersprache beschäftigen, heißt deshalb immer auch, »bei sich selber und bei anderen genauer zu schauen, auf welche Weise man Gefühle ... gar nicht erst entstehen läßt, welche man schnell herunterschluckt oder kaschiert, welche man übertreibt ... und welche man, wenn überhaupt, nur in Minimalausführung sehen läßt« (von Salisch, S. 8).

Um zu erkennen, daß wir dauernd unter Regeln leben, die das Verhältnis des inneren Empfindens und des äußeren Ausdrucks beeinflussen, brauchen wir nur an Abhängigkeitsverhältnisse im Berufsleben wie auch an Freundschaft und Ehe zu denken. Bei engeren Beziehungen zum Beispiel stehen wir immer vor der Tatsache, daß der Ausdruck positiver Gefühle sehr erwünscht ist, es aber gefährlich werden kann, Neid, Verachtung, Ekel oder Haß zu zeigen: »Wenn diese Empfindungen sehr intensiv sind, kann die Beziehung durch sie in Frage gestellt werden, nicht nur, weil sie eine Norm verletzen, sondern auch, weil sie die Grundlagen der Beziehung angreifen. In vielen Beziehungen wird selbst der milde Ausdruck negativer Gefühle, wie Ärger oder Niedergeschlagenheit, als Bedrohung erlebt, weil diese Empfindungen Fragen nach den Ursachen aufwerfen und ein Partner sich für das miese Gefühl des anderen verantwortlich oder schuldig fühlt.« (Ebd., S. 9.)

Körpersprachforscher beschreiben nicht nur die Verschiedenheit von Ausdrucksweisen in ihrer Abhängigkeit von Regeln, sondern wollen auch wissen, was eigentlich im Menschen vorgeht, wenn der Ausdruck bestimmter Gefühle aufgrund kultureller, gesellschaftlicher und situativer Erwartungen überdeckt oder wegen rigider Auflagen nahestehender Bezugspersonen gar völlig unterdrückt werden muß. Dazu untersuchen die Wissenschaftler die physiologischen Begleiterscheinungen im autonomen Nervensystem: die Erhöhung der Herzfrequenz und Hauttemperatur beim ärgerlichen Gesicht und das Verlangsamen des Herzschlags beim Lächeln. Und weiter fragen die Körperschrachforscher danach, »welche Auswirkungen verkleinerte oder maskierte Gefühlsausdrücke auf das autonome Nervensystem haben: Schlägt das Herz bei maskiertem Ärger dennoch schneller? Oder wirkt die Maske des Lächelns so, daß sich der beschleunigende Effekt des Ärgers und der verlangsamende des Lächelns gegenseitig aufheben?« (Ebd.)

Hinter solchen Fragen steht ein Forschungsprogramm, das sich noch weiter um exakte Einzelergebnisse bemühen muß, das aber auf die Verbundenheit von Gefühlsausdruck und Körperfunktion hinweist und Einflüsse erkennt, die das Erleben der Gefühle selbst verändern. »Trauer, die offen durch Weinen ausgedrückt wird, hat im subjektiven Empfinden eine andere Qualität als Melancholie, schwelender Ärger eine andere als ein Wutausbruch. Eine ... interessante Frage ist, ob der Gefühlsausdruck, der einem als Kind verboten wurde und den man sich später selbst nicht mehr gestattet, letztendlich dazu führt, daß man das entsprechende Gefühl nicht mehr empfinden kann. Anders ausgedrückt: Hilft die Modulation der Gesichtsmuskeln dabei, bestimmte Gefühle abzuspalten, sie so zu verschütten, so daß sie dem eigenen Erleben nicht mehr zugänglich sind? Regeln des sozialen Umgangs ... würden auf diese Weise Gefühlsregeln, also Regeln darüber, welche Gefühle man haben darf und welche nicht.« (Ebd., S. 10.)

Sie können sich manches von dem eben Gelese-
nen durch diese kleine Übung und das Nachdenken über die dabei gemachten Erfahrungen veranschaulichen:

Beeinflussen Sie Ihre Mimik bewußt durch Mus-
kelkontraktion so, daß Stirnpartie, Augenbrauen
und Mundwinkel hochgezogen und die Zähne
voll sichtbar werden.

- Ergeben sich psychische Veränderungen?
- Was erfahren Sie, wenn Sie mit diesem Gesichtsausdruck eine ernsthafte Äußerung laut
  aussprechen?
- Haben Sie kulturelle und persönliche Darbietungsregeln ›gelernt‹, die sie bei dem kleinen
  Versuch unterstützen oder einschränken?
- Konnten Sie den Unterschied feststellen zwischen einem Lächeln, bei dem nur die Muskeln
  der Mundregion beteiligt sind, und dem
  ›vollen‹ Lächeln, wie es diese kleine Übung
  empfiehlt? Welche Muskeln waren noch zu
  spüren?

Mimik

Die sichtbar werdenden Bewegungen unserer Ge-
sichtsoberfläche sagen unseren Gesprächspartnern
sicher viel über Stimmungen und Gefühle; und sie dienen auch dazu, zu signalisieren, ob man Kontakt aufnehmen, sprechen oder zuhören möchte, das Gesagte
verstanden hat, anzweifelt, unterstützt usw. Die Mimik
ist dabei sowohl eng mit dem emotionalen Leben verbunden als auch Steuerungsversuchen zugänglich.

Willentliche Beeinflussungen der Gesichtsmuskulatur können jedoch zu in sich widersprüchlichen Signalen führen, zum Beispiel zu einem ›falschen Lächeln‹. Ihm fehlt die Symmetrie, die das echte Lächeln auszeichnet (vgl. Ellgring, S. 22). Oder wir bemühen uns um eine freundliche, ehrerbietige Begrüßung, aber es werden beispielsweise unbewußt doch rasch Muskeln angesprochen, die zum Ausdruck der Verachtung beitragen. Ellgring (S. 24) spricht hier von »Affekt-Überblendung«, die aus positiven und negativen mimischen Ausdrücken zusammengesetzt ist. Oft will man in der Kommunikation auch betont ruhig erscheinen. Die Anzeichen der Beunruhigung kann man dann vielleicht in Gesicht und Gestik weitgehend unterdrücken, läßt sie aber zum Beispiel durch ein nervöses Fußwippen doch erkennen (vgl. ebd.). Jeder Teilnehmer an einem Kommunikationsprozeß weiß also, daß sein Gesichtsausdruck ständig abgelesen wird, und bemüht sich deswegen gezielt auch um seine Beherrschung. So kann Morris (vgl. 1978, S. 115) für Fälle, wo widersprüchliche Signale übermittelt werden, sagen, daß die Wahrscheinlichkeit dafür, daß eine Bewegung die wahre innere Stimmung widerspiegelt, um so größer ist, je weiter weg vom Gesicht sie abläuft. Und speziell zum Verhältnis von Mimik und der am weitesten entfernten Extremität: »Da die Füße so weit von unseren Köpfen entfernt sind, neigen wir dazu, sie zu vergessen, wenn wir in ein Gespräch vertieft sind. Das macht sie zu einem ungewöhnlich ehrlichen Teil unserer Anatomie; und ihr unbewußtes Handeln enthüllt unsere wahre Stimmung ganz unabhängig davon, was unsere Gesichter vielleicht signalisieren mögen.« (Morris, 1986, S. 246.)

Die Beispiele für Fälle einer willentlichen Beeinflussung der Mimik ändern allerdings nichts an der grundlegenden Tatsache, daß es weltweit ein gleiches Verständnis für Formen des Gesichtsausdrucks für bestimmte Gefühle gibt. So gelang der Nachweis (vgl. Abb. 3 nach Eibl-Eibesfeldt, S. 205), daß Europäer wie Japaner sechs Bilder von Kabuki-Schauspielern, die Überraschung, Angst, Zorn, Ekel, Trauer und Freude darstellten, ähnlich deuteten. Die kulturelle Überformung der spontanen Mimik durch einen Theaterstil wirkte sich allerdings so aus, daß Europäer eine mimische Darstellung von Trauer als Trauer und Ekel und die von Zorn als Zorn und Angst deuteten. Am stärksten wirkte sich die kulturspezifische Stilisierung einer Ausdrucksweise bei der Darstellung von Freude aus. Japaner stuften recht sicher ein, während bei den Europäern wohl die Deutung Freude an der Spitze stand, aber daneben auch die anderen Gefühle genannt wurden (am geringsten allerdings Trauer).

Abb. 3
Welche Emotion drückt dieser Kabuki-Schauspieler aus?

Die sechs Gefühle — Überraschung, Angst, Ärger/ Wut, Ekel, Trauer und Glück/Freude — bewirken nach den Untersuchungen Ekmans (1988, S. 52 ff.) Erscheinungsveränderungen des Gesichts, die sich im einzelnen bezüglich der Stellung der Augenbrauen, der Stirnpartie, der Augenlider und der Mundregion festhalten lassen.

Wie Abb. 4 zeigt, werden bei Überraschung die Augenbrauen gehoben und angewinkelt; auf der Stirn erscheinen horizontale Falten. Die Augen sind weit geöffnet, und das Weiße ist über und oft auch unter der Iris zu sehen. Der Mund sackt herunter, die Mundwinkel sind ohne Dehnung oder Spannung.

Abb. 4
›Überraschung‹

Bei Angst (Abb. 5) sind die Augenbrauen angehoben (eher flach als angewinkelt), die Stirn zeigt kurze horizontale und/oder vertikale Falten. Die Augen sind geöffnet, wobei das untere Augenlid sichtbare Spannung aufweist. Das Weiße über, aber nicht unter der Iris kann zu sehen sein (Ekman: »In der Qualität ein hartes Anstarren«).

Abb. 5
›Angst‹

Der Ausdruck von Ärger/Wut (Abb. 6) führt dazu, daß die Brauen zusammen und nach unten gezogen werden (Ekman: »scheinen nach vorn zu stoßen«). Vertikale Falten stehen über den Augen, deren Weißes verdeckt ist. Die oberen Lider sind herabgezogen, die unteren angespannt und angehoben. Bei geschlossenem Mund sind die Lippen aufeinander gepreßt, bei offenem sind die Lippen angehoben und eventuell nach vorn geschoben.

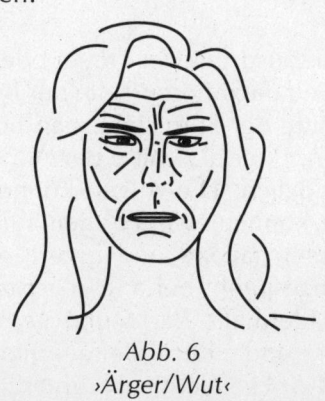

Abb. 6
›Ärger/Wut‹

Bei Ekel (Abb. 7) gehen die Augenbrauen nach unten, ohne zusammengezogen zu sein. Horizontale und/oder vertikale Falten erscheinen auf dem Nasenrücken und den Seiten im oberen Teil der Nase (›Naserümpfen‹). Das untere Augenlid ist angehoben, aber nicht angespannt. Auch die Wangen sind angehoben. Bei geöffnetem Mund wird die Oberlippe nach oben und die Unterlippe nach vorn und/oder außen geschoben. Bei geschlossenem Mund wird die Oberlippe durch die angehobene Unterlippe hochgeschoben.

Abb. 7
›Ekel‹

Beim Gesichtsausdruck der Trauer oder eher Traurigkeit (Abb. 8) sind die inneren Teile der Brauen angehoben; in der Mitte der Stirn sieht man horizontale und vertikale Falten, über der Mitte der Augenbrauen sind Wölbungen möglich. Die Augen können Tränen zeigen. Die Lider können zwei Formen aufweisen: obere Lider nach unten fallend und untere gelockert oder obere Lider angespannt bei angespannten oder lockeren unteren Lidern. Ist der Mund geöffnet, sind die Lippen gedehnt und zittern. Bei geschlossenem Mund sind die Mundwinkel leicht nach unten gezogen.

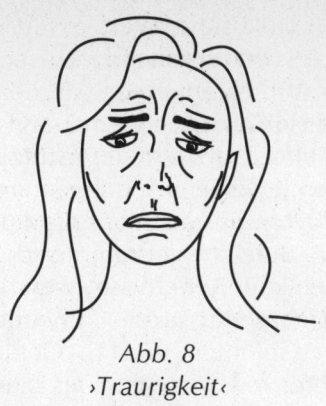

Abb. 8
›Traurigkeit‹

Glück/Freude (Abb. 9) bewirken keine wesentlichen Erscheinungsveränderungen im Augenbrauen-/Stirn-Bereich. Die Augen können entspannt wirken. Oder Bewegungen im unteren Teil des Gesichts heben das untere Augenlid an. Dabei entstehen darunter Säcke und eine Verengung der Augen. Die Mundwinkel sind angehoben und können nach hinten gezogen sein. Öffnung der Lippen mit sichtbaren Zähnen ist möglich.

Abb. 9
›Glück/Freude‹

45

Was ist der praktische Wert derart kleinschrittiger Beschreibungen von uns allen bekannten emotionalen Anzeichen? Natürlich erkennen wir die unterscheidbaren Gesichtsausdrücke für elementare Gefühle auch ohne solche Hilfe. Trotzdem unterstützen theoretische Kenntnisse der jeweiligen Einzelmerkmale die Beobachtung. Sie halten uns auch an, die Ausdrucksformen verschiedener Bereiche zusammenzusehen. Unentbehrlich sind solche Kenntnisse, wenn man genauere und nachprüfbare Aussagen zur unterschiedlichen Intensität von Gefühlen und zu Gefühlsmischungen machen möchte. So könnte man als Laie erwarten, daß sich im mimischen Verhalten depressiver Patienten aktiver Ausdruck von Trauer findet. Tatsächlich konnte aber Ellgring (vgl. S. 23) mit Unterstützung solch exakter Anhaltspunkte, wie sie oben wiedergegeben sind, den Nachweis führen, daß der Gesichtsausdruck der Depressivität auf Ärger und Furcht hinweist – also offenbar auf einen gebremsten, nicht in Handlung umsetzbaren Ärger.

Wie schon mehrfach angedeutet, vermitteln wir mit der Mimik nicht nur emotionale, sondern auch redebezogene und kommunikative Zeichen. Ellgring (S. 24) betrachtet auch das Lächeln unter diesem Aspekt. Es ist »wahrscheinlich seltener ein Ausdruck der Freude, sondern häufiger ein unspezifisch positives partnergerichtetes Signal, das lediglich den sozialen Kontakt sicherstellt. In einer Feldstudie fand sich beispielsweise, daß Bowling-Spieler kaum lächeln, wenn sie auf ihren Wurf schauen, unabhängig vom Erfolg oder Mißerfolg; daß sie dies aber sehr häufig in dem Moment tun, wenn sie sich ihrer Gruppe zuwenden, ebenfalls unabhängig vom Ergebnis des Wurfes... Dennoch besteht eine Verbindung zu den ursprünglichen Emotionen. Auch mit dem bewußten Lächeln beim Gruß signalisiert man keinen Ärger oder keine Verachtung, sondern eine positive affektive Einstellung zum anderen.«

Die Augenbrauenbewegungen kann man ebenfalls sowohl unter emotionalem als auch redebezogenem Aspekt sehen. Ekman (vgl. zum folgenden 1988, S. 89–99) hat sie dementsprechend einerseits (wie schon oben gezeigt) als Gefühlsausdrücke, andererseits als Kommunikationssignale untersucht. Bei der Bewegung der Brauen (unterstützt durch Signale der Augenlider und durch Bewegungen um den Mund herum) sind drei Gesichtspunkte zu beachten.

1. begleiten sie den Sprecher bei seiner Rede, zum Beispiel unterstreichend im Einklang mit stimmlicher Betonung und mit Handbewegungen, oder als mimisches ›Fragezeichen‹, als Signal der Wortsuche usw.

2. sind sie Teil der Reaktion des Zuhörers, der durch Kopfnicken, Lächeln und ›mhms‹ zum Gespräch beiträgt, aber auch mittels der Brauen sagt, ob er zustimmt, eine Auskunft erbittet oder zweifelt.

3. können Brauenbewegungen außerhalb des Gesprächskontextes vorkommen. Hierher gehört der sogenannte Augengruß. Diese Erscheinung (Abb. 10) können wir leicht an uns selbst beobachten. Wenn wir zum Beispiel einer uns privat bekannten Person begegnen oder sie in einer Gruppe erblicken, erfolgt (meist selbst dann, wenn wir uns dagegen wehren möchten) ein wiederholtes Anheben der Augenbrauen, oft mehr oder weniger begleitet vom Zurückwerfen des Kopfes, Lächeln und dem Hochziehen des oberen Augenlides. Verhaltensforscher wie Eibl-Eibesfeldt (vgl. S. 153) sehen in dieser Bewegung ein universelles Begrüßungssignal. Auch der Humanbiologe Hassenstein (S. 51) spricht von einem angeborenen Augengruß und beobachtet ihn in der Blickbegegnung zwischen Erwachsenem und Säugling: »Der ›Augengruß‹ besteht im kurz-

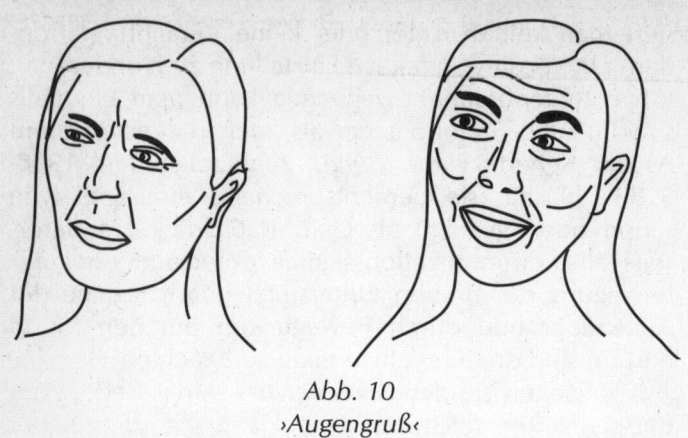

Abb. 10
›Augengruß‹

zeitigen Hochziehen der Augenlider und der Augenbrauen; er verstärkt den Ausdruck des Blickkontaktes.
Lächeln und Augengruß der Betreuer wirken beim
Baby als Belohnung für das, was es gerade tut oder
getan hat.« Ekman selbst bestätigt die weite Verbrei-
tung des Augengrußes; er hält es aber anders als Eibl-
Eibesfeldt nicht für einen Fall von ›kultureller Unter-
drückung‹, wenn er fehlt. Der Körpersprachforscher
bestreitet vielmehr die Annahme eines auf der ganzen
Welt gültigen Begrüßungszeichens. Daß gerne an
einem universellen Augengruß festgehalten wird, erklärt Ekman folgendermaßen: »Dies mag zum Teil
daran liegen, daß das Anheben der Augenbrauen eine
Bewegung ist, die häufig und bei vielerlei redebezoge-
nen Signalen vorkommt, wie zum Beispiel Betonung,
ja/nein, Fragezeichen oder Ausrufezeichen. Zum anderen mag es auch daher kommen, daß das Heben
der Augenbrauen zum Gesichtsausdruck der Überraschung gehören kann. Es wäre durchaus nicht ungewöhnlich, daß jemand beim Anblick eines anderen

echte oder gespielte Überraschung zeigt. Ebenso wäre denkbar, daß jemand im ersten Moment ein ›Fragezeichen‹ oder ›Ausrufezeichen‹ macht, wenn eine unerwartete Person plötzlich vor ihm auftaucht.« (1988, S. 95.)

Die Ausführungen und Abbildungen zur Mimik haben mehrere deutlich erkennbare Ausdrucksbewegungen hervorgehoben. Sie konnten damit Wesentliches erfassen. Aber jetzt sind noch einige Anmerkungen zur außerordentlichen Vielfalt der Erscheinungsweisen unseres Gesichts nötig. In seiner Hautoberfläche wirken sich über 20 gut mit Nerven versorgte Muskeln aus und können sie stark verändern; nur drei dieser Muskeln sind nicht allein in den Dienst der Kommunikation gestellt und erfüllen noch andere Aufgaben (nämlich für das Kauen und als Ringmuskeln für Augen- und Mundbewegungen – vgl. Ellgring, S. 22 ff.). Die mimische Vielfalt erforderte, daß wir völlig verschiedene Betrachtungsweisen benutzten. Die erste Betrachtungsweise war, in der Mimik den Ausdruck von Gefühlen zu suchen. So geschieht es seit Darwin, der von den tierischen wie menschlichen »Empfindungszuständen« ausging; Sie lernten ihn bereits kennen (vgl. S. 28 f.). Auch wenn die Zahl solcher grundlegenden Emotionen offenbar nicht groß ist, so ergibt die Möglichkeit der ›Überblendungen‹ verschiedener Affektanzeichen doch bereits eine Fülle von Ausdrücken. Weiterhin ist zu beachten, daß der Mensch – wie auch schon seine Primaten-Vorgänger – mit dem Ausdruck von Emotionen auch seine Einstellung zu anderen signalisiert. So stößt die erste Betrachtungsweise auch auf mehr oder weniger emotional fundierte Gesichtsausdrücke für Beziehungsverhältnisse wie soziale Überlegenheit und Unterordnung, Zuneigung und Abneigung, Bedrohung, sexuelles Interesse, Elternschaft,

Wunsch nach Kontakt, Spiel, Distanz usw. (vgl. Argyle, S. 202 und 208).

Eine zweite, völlig andere Betrachtungsweise ging von spezifisch menschlichen Gegebenheiten aus. Wir stießen auf die Tatsache der kulturellen Überformung und individuellen Steuerung von Gesichtsausdrücken. Daraus resultierten zahlreiche Ausdrucksvarianten. Weiterhin war klar, daß Bewegungen von Teilen des Gesichts eine ganz andere Funktion erhalten, als Gefühle auszudrücken, und dann dazu dienen, das Sprechen einzuleiten, zu ergänzen und zu unterstützen. Aus dieser Doppelfunktion der Mimik ergeben sich wiederum Folgen für ihre Vielfalt. Zu unseren handlungs- und sprachbezogenen mimischen Signalen kommen auch noch ›Metasignale‹; also solche Signale, die in bezug auf andere Signale gesendet werden und diese erklären. Zum Beispiel: Mit einem Lächeln zeigen wir nicht nur Kontaktbereitschaft an, sondern vielleicht auch das Spielerische unseres Tuns; grinsend geben wir Zuschauern und dem Partner zu verstehen,

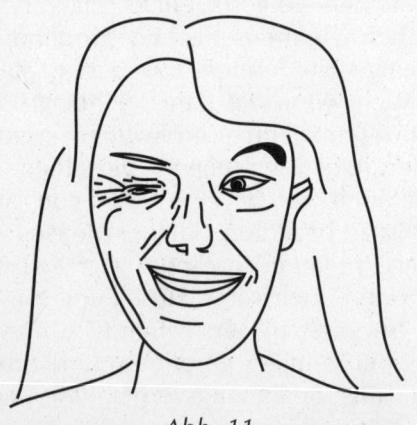

Abb. 11
Augenzwinkern als ›Metasignal‹

daß sein Vorwurf an uns abprallt; durch ein Augenzwinkern lassen wir einen Eingeweihten wissen, daß
wir unseren Gesprächspartner jetzt zum Narren halten
(vgl. Abb. 11).

Ich möchte, um die Vielfalt der Mimik noch mehr zu
verdeutlichen, auf einige Bestandteile des Gesichts als
Grundlage für ein vielfältiges Agieren eingehen (vgl.
auch ebd., S. 203 – 209). Der Mund kann aufwärts oder
abwärts gezogen werden und verschiedene Öffnungs-
grade aufweisen; die Zähne können in verschiedener
Weise gezeigt werden; die Augenbrauen werden sehr
unterschiedlich hoch-, herunter- oder zusammengezogen, die Nase kann gerümpft oder in den Nasenflügeln
geweitet sein. Davon war bei den Ausdrucksbewegungen von Emotionen bereits die Rede. Wichtig für den
Gesamtausdruck ist aber noch viel mehr. Die Gesichts-
haut etwa kann blaß oder rot sein, trocken oder feucht
und – bei Angst – Schweißperlen an den Schläfen aufweisen. Auch die Zunge ist nicht zu vergessen. Sie
kann (vgl. Morris 1978, S. 50 ff. und Eibl-Eibesfeldt,
S. 223 und 557) auf vielfältige Weise wegdrückend
oder suchend und prüfend erscheinen, zum Beispiel

■ frech und abweisend herausgestreckt (als frühkindli-
  ches Verweigerungsrelikt, als ritualisiertes Ausspuk-
  ken von zu viel oder von ekelhafter Nahrung),

■ beim Vorgang des Sichkonzentrierens vor die Lippen geschoben,

■ ›züngelnd‹ beim Flirten und auch bei Verlegenheit
  (dann mit einem Beißen auf die Lippen verbunden)
  oder auch

■ genüßlich etwas Angenehmem nachschmeckend
  (oft bei hochgezogenen Mundwinkeln) oder

■ (bei stark eingezogener Unter- und Oberlippe) mit
  der gerade noch sichtbaren Spitze etwas Unange-
  nehmes fühlend, an dem man zu ›kauen‹ hat.

1   Bitte, sehen Sie Abb. 3 auf S. 41 nochmals an.
Vielleicht hatten Sie Schwierigkeiten, herauszufinden, welche Emotion hier dargestellt ist. Der fremd-
artige Schmink- und Theaterstil ›verkleinert‹ die Darstellung ja auch tatsächlich und verunsichert uns so.
Sie können sich aber Sicherheit über die Absicht des
Kabuki-Schauspielers verschaffen, indem Sie anwenden, was Sie über die Erscheinungsveränderungen
des Gesichts bei den sechs grundlegenden Gefühlen
kennengelernt haben. Beziehen Sie also das oben zu
Augenbrauen, Stirn, Augenlidern und unterem Gesicht Gesagte auf das Bild. Sie werden zu einem ein-
deutigen Ergebnis kommen.

2   Jemand, der gerade Schwierigkeiten hat, eine Information aufzunehmen oder eine Aufgabe zu
lösen, zeigt das Stirnsignal der waagrechten Falten-
bildung. Studieren Sie diese Erscheinung bei sich
und anderen einmal ganz bewußt und reagieren
auch in Ihrem Verhalten darauf (Vereinfachen und
Wiederholen der Information, Rückfragen usw.).
Aber Vorsicht mit einer festen Bedeutungszuschrei-
bung! Ein Hochziehen der Stirn kann auch bei plötz-
lichem Erkennen und Verstehen auftreten (›Überraschung‹) oder ein Zweifeln anzeigen, usw. Und
mischen sich waagrechte und senkrechte Falten,
entstehen ›Notfalten‹ als Anzeichen von Belastung.

3   Beobachten Sie in ähnlicher Weise bei sich und
anderen das Stirnsignal der senkrechten Faltenbil-
dung. Was zeigt es jeweils an: Konzentration, Miß-
mut, Trotz, Wut? Welche zusätzlichen Merkmale
des Gesichts helfen Ihnen bei der Entscheidung?

4 Studieren Sie bei Bekannten, auf Bildern und am Fernsehen das jeweils gezeigte Lächeln. Unterscheiden Sie zunächst einmal Fälle, wo es einfach ein Signal der Gesprächsbereitschaft, des freundlichen Kontakts und Gesprächsabschlusses und ähnliches ist, wo es Überheblichkeit, Spott und dergleichen beinhaltet und wo es eine fröhliche Stimmung ausdrückt. Wo fällt das Lächeln als Ausdruck zu schwach aus (›gefriert‹), wo wirkt es unecht (zum Beispiel ›süßlich‹) und wo wirklich ehrlich und voll? Spüren Sie dabei auch in Ihrem Gesicht nach, wann sich nur die Mundmuskulatur beteiligt und wann Mund- und Augenmuskulatur zusammenwirken.

5 Die Stimmungen, die jemand vorzugsweise hat und ausdrückt, haben sich vielleicht schon als Spuren und als mimischer Dauerzustand in sein Gesicht gegraben. Dafür fallen Ihnen rasch Beispiele ein. (Positive wie negative, wobei man im zweiten Fall auch die Belastungen in Betracht ziehen sollte, denen Menschen nicht ausweichen können.) Wie ist es aber bei Ihnen selbst? Und welche Regionen in Ihrem Gesicht sind besonders rege an seinem Ausdruck beteiligt, in welchen finden dagegen nur andeutungsweise Bewegungen statt? (Vielleicht können Sie die Meinung, die Sie hierzu über sich haben, mit der Meinung Ihnen nahestehender Menschen vergleichen.)

Blickverhalten

Mimik ist ein Wort unserer normalen Umgangssprache, *Blickverhalten* dagegen eine fachsprachliche Bezeichnung. Warum nehmen wir zu dem uns vertrauten Wort noch ein wissenschaftliches hinzu? Der Grund ist folgender: Die Forschung beobachtet gezielter – als wir es im Alltag tun –, auf welche Weise Auge und Blick an Kommunikationsvorgängen beteiligt sind. Und das äußert sich eben auch in der Sprache.

Erst bei solch genauer Sicht erweist es sich, daß vieles von dem, was wir aus den Augen zu lesen meinen, ihrem engeren oder weiteren Umfeld angehört: beim überraschten ›Augengruß‹ werden Wangen und Augenbrauen angehoben, bei Ärger sind die unteren Lider gespannt, und – wie Ellring (S. 30) ausführt – »Phänomene wie ›freundlicher, trauriger, starrer Blick‹ etc. beruhen ... vor allem auf mimischen Veränderungen in der Augenregion. Eine bestimmte Faltung des Oberlids ... soll zum Beispiel charakteristisch für Depression sein«.

Weiterhin verhilft der Begriff ›Blickverhalten‹ dazu, die spezifischen Erscheinungsformen und Funktionen des Blicks herauszuarbeiten. Sie sind vielfältig. Lassen Sie mich mit dem beginnen, was wir bei Teilnehmern an einem Gespräch leicht beobachten können. Diese signalisieren einander ständig durch Blicke, ob sie gerade einer inneren Vorstellung nachhängen, nachdenken, sich auf eine Sprechäußerung vorbereiten oder zuhören wollen; mit anderen Worten: das Blickverhalten sagt etwas über die bestehende Aufmerksamkeit aus und gibt »Aufschluß über die momentane Kapazität oder Bereitschaft zur Informationsaufnahme« (ebd., S. 31). Beim Zuhören schaut man in der Regel doppelt so lange auf den anderen wie beim eigenen Sprechen (vgl. Argyle, S. 218). Der Sprechende möchte nicht ständig abgelenkt werden und holt sich gezielt an bestimmten Punkten seiner Ausführungen Rückmeldungen durch Anblicken der Zuhörer.

Blickverhalten beim Sprechen ist also eng mit Denkvorgängen verbunden und orientiert die Partner darüber, wie stark jemand zu einem bestimmten Zeitpunkt mit solchen Prozessen belastet ist. Blinde Menschen müssen ohne solche optischen Signale der Zu- und Abwendung auskommen und sich auf andere Weise Informationen darüber beschaffen, ob ein Partner aufmerksam und offen oder geistig abwesend und ablehnend ist. Es spielt auch eine gesprächserleichternde Rolle, die Dauer des Anblickens variieren zu können. Neben dem Lächeln, der Betonung u. a. ist die Blickdauer eine Hilfe, um klarzumachen, was man meint beziehungsweise um herauszufinden, was ein anderer mit einer Äußerung beabsichtigt.

Winterhoff-Spurk hat herausgefunden, daß ein meßbarer Zusammenhang zwischen der Dauer eines Blickkontaktes und dem Verständnis einer Äußerung besteht. Wenn jemand zu seinem Partner sagt: »Ich würde jetzt gerne einen Kaffee trinken«, kann das u. a. ein Befehl sein, eine indirekte Aufforderung oder eine schlichte Mitteilung. Längerer Blickkontakt macht oft deutlich, daß man etwas als Befehl meint, wobei gerne ein Lächeln als ›Befriedigungssignal‹ hinzukommt.

Was ich bisher über das Blickverhalten gesagt habe, läßt einen interessanten Kontrast zwischen Mimik und Blickverhalten erkennen. Die Mimik ist vor allem mit emotionalen Vorgängen verbunden, während wir beim Blickverhalten sehen, daß es Denkprozesse anzeigt und durch den Wechsel von An- und Wegblicken sowie die verschiedene Dauer der Blickphasen mitbestimmt, wie ein Gespräch abläuft. Die Teilnehmer haben im Blickverhalten eine Hilfe, um Interesse und Desinteresse einzuschätzen und um Äußerungen zu unterstreichen beziehungsweise zu kommentieren.

Vielleicht hier noch ein Beispiel dafür, wie stark man im Gespräch auf Blickkontakt angewiesen ist: Désirée Bethge, die zupackende Fernseh-Interviewerin, rief kürzlich einem Studiogast, der sich abwendete, zu: »Gucken Sie mich an, Sie machen mich sonst nervös!«

Somit ist tatsächlich eine konstante Verbindung von Sprechen und Blickverhalten festzustellen. Dem entspricht auch eine evolutionsgeschichtliche Tatsache. Für uns Menschen sind sprachliche Begegnungen typisch; wir stehen uns dabei längere Zeit gegenüber und sehen uns an. Dadurch werden Signale der Blickrichtung sehr wichtig. (Die jeweilige Blickrichtung – links, rechts, oben, waagrecht, unten – sagt wahrscheinlich auch etwas darüber aus, ob sich jemand ge-

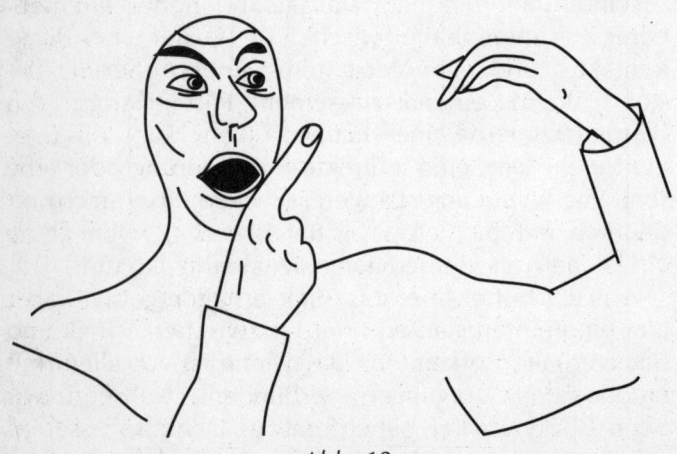

Abb. 12
Das Weiße im Auge macht Veränderungen
der Blickrichtung auffallend

rade erinnert oder sich etwas vorstellt. Ja, man will aus der Blickrichtung ablesen können, ob jemand im Moment visuelle oder akustische Erinnerungen beziehungsweise Vorstellungen hat, nicht weiter weiß oder von Gefühlen beeinflußt ist.)

In diesem Zusammenhang hat sich das Weiße im Auge herausgebildet. Es fehlt bei unseren nichtsprechenden Verwandten. Bei den meisten Affenarten sind die entsprechenden Augenteile braun. Erst durch das die farbige Iris umgebende Weiß im menschlichen Auge wird der jeweilige Blickwinkel gut erkennbar. (Vgl. Morris 1978, S. 74 und 1986, S. 51 sowie die Abb. 12.)

Das Blickverhalten hat natürlich noch andere Funktionen, als für den Kontakt im Gespräch zu sorgen. Wir sammeln mit den Augen ja ständig auch dann die nichtsprachlichen Signale unserer Mitmenschen auf, wenn wir nicht mit ihnen sprechen wollen. Die Person, die angesehen wird, versteht dies wiederum oft auf sehr verschiedene Weise, so daß Argyle (S. 217) sagen kann, hier »wird bereits das Öffnen des Kanals zu einem Signal«. Gegenseitiges Anschauen hat zentral mit den Beziehungen zwischen Menschen zu tun. Daß sich Leute, die sich gern haben, öfters und länger in die Augen schauen, ist offensichtlich. Der Normalfall beim längeren Anschauen wäre ja der Konflikt. Der Wunsch, die andere oder den anderen anzublicken, gerät rasch in Spannung zu der Reaktion, wieder wegschauen zu wollen. Bei gegenseitiger Anziehung können deshalb sehr auffällige Blickmuster entstehen. Deren Beschreibung bei Morris (vgl. 1978, S. 71 ff.) entspricht unserer Alltagserfahrung: In der Anfangsphase der Schüchternheit kommt es meist nur im Gespräch zu flüchtigem Blickaustausch bei ansonsten angespanntem und abgewendetem Blick. Auch nach weiterer Annäherung wirken die Blicke nicht selten noch nervös, werden aber häufiger und länger. Der schüchterne Partner kann den Blicken des mutigeren noch eine ganze Zeit gelegentlich ausweichen, bis schließlich das gegenseitige längere Anschauen zum immer wieder gesuchten Ausdruck des Kontaktes wird.

Verhaltens- und Körpersprachforscher bestätigen nicht nur, daß sich bei verliebten Paaren die Blicke besonders häufig treffen, sie betonen auch den Blick als *Werbesignal*. Er wird, wie Argyle (S. 217) bemerkt, besonders von Frauen benutzt, »die mit großer Sorgfalt ihre Augen schminken und neuerdings auch Schmuckbrillen mit dunklen Gläsern tragen«. Morris (vgl. 1986, S. 53 und 58 ff.) stellt darüber hinaus fest, daß das weibliche Auge mehr Weiß enthält als das männliche; bezüglich der Verwendung auffallender Brillen zeigt er jedoch an alten und neuen Beispielen, daß ihre Signalwirkung von beiden Geschlechtern in vielfältiger Weise benutzt wird.

In diesem Zusammenhang ist auch die Bedeutung unserer Pupillenreaktionen als Signale nicht zu übersehen. Die Pupillen verändern sich nicht nur durch Lichteinfall, sondern auch durch emotionale Eindrücke; entsprechende Wirkungen lösen dann große Pupillen beim Betrachter aus. Bekannt ist das Experiment, völlig gleiche Fotos eines Mädchengesichts nebeneinander zu stellen, aber bei einem davon die Augen so zu retuschieren, daß die Pupillen etwas größer sind. Die Frage, welche Person man anziehender oder sympathischer findet, wird von Männern tatsächlich gemäß der Anziehungskraft der größeren Pupillen beantwortet. Morris (vgl. 1978, S. 170 ff.) sieht in diesen Reaktionen der Pupille und auf die Pupille des anderen auch einen der Gründe dafür, warum junge Liebende einander so intensiv und ausdauernd in die Augen blicken: sie prüfen unbewußt ihre Pupillenweitung und steigern sie dadurch gleichzeitig. Auch für das Anschauen von Säuglingsfotos wurde die vergrößernde Wirkung auf die Pupillen einzelner Betrachtergruppen (immer bei Frauen, aber auch bei Männern, die Kinder haben) untersucht (vgl. Eibl-Eibesfeldt, bes. S. 560 ff.). Argyle (vgl. S. 221 ff.) berichtet von der Erweiterung der Pupillen beim Einkaufen, wenn Interesse an einer Ware besteht; er bemerkt aber auch, daß nicht jede Versuchsperson, die behauptete, an moderner Kunst Gefallen zu finden, auch wirklich mit Pupillenerweiterung auf sie reagierte.

Dem Blick im Zusammenhang mit Interesse, Sympathie, Anziehung, ja erfüllter Begegnung stehen Situationen gegenüber, wo er gesellschaftlichen Status, Einfluß, Dominanz ausdrückt beziehungsweise durchzusetzen hilft. Und zwar u. a. in der Weise, »daß jemand, der lange Blicke aussendet, als dominanter angesehen wird als jemand, der kurze Blicke sendet. Sehr wahrscheinlich dient also eine ausgiebige Verwendung des Blicks dazu, eine dominante Beziehung aufzubauen, dann aber reduziert die dominante Person ihre Blickhäufigkeit« (ebd., S. 223). Beispiele für verlängertes Anblicken als Ausdruck von Macht und für vorzeitiges Wegblicken als Ausdruck von Unterlegenheit bietet der Alltag ständig. Jeder kann sich entsprechende Machtkämpfe und -bestätigungen im Beruf, mit Partnern und in Gruppen vorstellen. Die vorgesetzte oder sich sonst stärker fühlende Person läßt beim Gegenüber durch Anblicken Unterlegenheitsgefühle entstehen. Freilich kann der Versuch, den anderen niederzustarren, auch versteckte oder offene Opposition erzeugen. Mit dem Wegblicken bestätigt die unterlegene Person die Dominanz der anderen. Ähnliche Fälle sind gegeben, wenn der Schuldige dem Ankläger nicht ins

Gesicht zu schauen wagt – was schon Darwin erwähnt. Sieht man während des Sprechens längere Zeit von seinem Gesprächspartner weg, ist man sich seiner Sache wohl nicht sicher oder traut sich den offenen Konflikt nicht zu. (Wegblicken anderer Art ist dagegen zum Beispiel bei gegenseitiger Anziehung gegeben, wie wir sie oben dargestellt haben; Liebespaare haben übrigens bei intimen Gesprächsthemen weniger Blickkontakt als bei normalen – vgl. ebd., S. 222.)

Neben Dominanz kann mit dem Anblicken auch Drohung signalisiert werden. Ihr steht wiederum das Abwenden des Blicks, das offene Aggression verhindert, gegenüber. Solche Beobachtungen wurden in der Tierwelt, für die Kommunikation zwischen Mensch und Tier, aber auch für die menschliche Kommunikation gemacht (vgl. ebd., S. 224 ff. und Ellgring, S. 28 ff.). Argyle (S. 225) berichtet von Versuchen mit absichtlichem Anstarren. Ein solches geht über das ja nur wenige Sekunden dauernde Anblicken zeitlich hinaus, ist unbeweglicher (der übliche Blickkontakt ist immer ein variables Abtasten einer weiteren Augenregion) und ohne begleitendes Lächeln, vielleicht auch ohne regelmäßigen Lidschlag. In Experimenten wirkte es auf die Menschen als ›Drohstarren‹ und bewegte sie zur Flucht. Argyle gibt aber gleichzeitig zu bedenken, daß diese Wirkung nicht immer als Angstreaktion interpretiert werden muß. Anstarren ist ein ungehöriges Eindringen in die Privatsphäre, dem man sich entziehen möchte. Verhaltensforscher haben freilich für Geschichte und Gegenwart gezeigt, daß Anstarren Ängste auslöst, die oft auf magische Weise abgewehrt werden. König verfolgt das ›Urmotiv Auge‹ durch die ganze Kulturentwicklung hindurch und zeigt, daß viele Schmuckformen und Zeichen an Türen Nachahmungen des Auges und Mittel gegen ›böse Blicke‹ sind.

Ich möchte abschließend nochmals auf die Gruppensituation eingehen. In ihr ist das Angesehenwerden ein entscheidender Indikator für Ansehen im Sinne von Geltung. ›Ansehen‹ darf hier tatsächlich wörtlich genommen werden: die Person hat das größte, die am meisten angeblickt wird. Ellgring (S. 30) berichtet von der Beobachtung einer Diskussionsrunde: »Je mehr eine Person angeblickt wurde, desto höher schätzte sie ihre eigene Macht ein und wurde auch von den anderen so beurteilt.«

---

1 Fast (S. 140) sagte zum Austausch von Blicken bei Begegnungen in der Öffentlichkeit: »Wenn man auf der Straße an jemandem vorbeigeht, kann man den Betreffenden anschauen, bis man sich auf knapp drei Meter genähert hat. Dann muß man wegblicken und geht vorbei. Bevor man die Drei-Meter-Marke erreicht hat, wird man sich gegenseitig signalisieren, auf welcher Seite man aneinander vorbeigehen will. Dies geschieht mit einem kurzen Blick in die betreffende Richtung. Dann beginnt man etwas von der ursprünglichen Richtung abzuweichen und kommt reibungslos aneinander vorbei.«

Machen Sie dazu ein Experiment, indem Sie einen ›Fehler‹ bei diesem von bestimmten Regeln geleiteten Verhalten einbauen. Bitten Sie jemanden, in einem größeren Raum oder im Freien, auf Sie zuzugehen, und gehen Sie Ihrerseits direkt in deren oder dessen Richtung. Wenn es soweit ist, daß die beiden Partner abschätzen, wer nach links und wer nach rechts ausweichen soll, geben

Sie ein widersprüchliches Signal, schauen also beispielsweise nach links, obwohl Sie rechts vorbeigehen. Mit dem reibungslosen Aneinandervorbeigehen, von dem Fast spricht, wird es jetzt nichts; wahrscheinlich kommt es sogar zum Zusammenstoß (wenn Sie ein wenig stur zu bleiben wagen).

Bei dieser Übung wird Ihnen bewußt werden, wie stark wir uns auf Augensignale verlassen. Vielleicht können Sie sich jetzt auch besser erklären, woran es liegt, wenn uns im Alltag tatsächlich gelegentlich solche Zusammenstöße widerfahren.

2 Auch zur Bedeutung von Blickkontakten im Gespräch können Sie durch Versuche einiges an sich selbst erfahren. Blicken Sie Ihren Gesprächspartner eine Zeitlang nicht an:

Spricht die andere Person, und Sie richten den Blick an deren Gesicht vorbei, wird es – je nach deren Sensibilität – früher oder später zu Verunsicherungen und Rückfragen kommen. Auf einer Videoaufzeichnung dieser Situation könnten Sie wahrscheinlich sogar feststellen, daß die sprechende Person beim Nachdenken kürzer als üblich wegschaut oder sich zwischendurch vergewissert, was eigentlich los ist.

Spielen Sie selbst bei diesem Experiment die sprechende Person und nehmen sich vor, den Partner nicht anzuschauen. Beachten Sie, wie schwer Ihnen dies fällt und welche körperlichen Reaktionen auftreten. Können Sie bei sich Versuche feststellen, durch freundlichere Stimme und angenehme Inhalte die Unterbrechung des Kontaktes auszugleichen?

Natürlich sollten Sie solche Rollenspiele nur mit Ihnen vertrauten Partnerinnen oder Partnern machen und mit diesen anschließend das Vorhaben diskutieren.

3 Schulen Sie Ihre Wahrnehmung auch bezüglich der Blickabwendung von Sprechern, wenn diese mit Nachdenken und Formulieren beschäftigt sind:

Stellen Sie Ihrem Gesprächspartner eine Frage, die sich nicht automatisch beantworten läßt, und beobachten seine Augenreaktion.

Überprüfen Sie, wenn am Fernsehen Interviews mit Politikern übertragen werden, inwieweit die Feststellung von Ellgring (S. 29) zutrifft: »In Situationen mit hoher Belastung sind auch Strategien beobachtbar, wie ein Befragter vermeidet, unsicher zu erscheinen oder intensiv nachdenken zu müssen. So geben Politiker auf unangenehme Fragen des Interviewers mit fester Blickzuwendung und Sicherheit zunächst eine Routine-Scheinantwort (»Ich bin Ihnen dankbar, daß Sie mir gerade diese Frage gestellt haben...«), um dann erst nach einer kurzen Blickabwendung zu antworten.«

4 Bitte zeichnen Sie mit einem Bleistift in die auf Seite 64 abgebildeten Gesichter Pupillen ein. Lassen Sie vielleicht auch Bekannte diesen Versuch machen, und besprechen Sie die Ergebnisse dann gemeinsam.

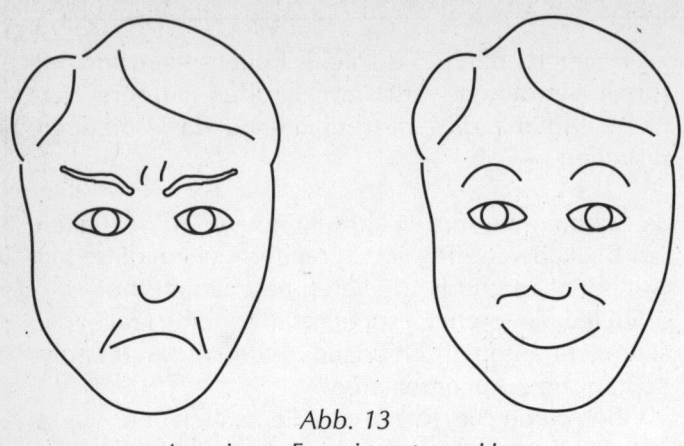

Abb. 13

Aus einem Experiment von Hess

Kopfhaltung und -bewegung

Die Mimik und das Blickverhalten müssen natürlich im Zusammenspiel mit der Gesamtheit der Körperbewegungen gesehen werden. Überraschend ist, welch enorme Rolle dabei die Kopfhaltung beziehungsweise -bewegung spielt. Erst in jüngster Zeit entdeckte man dazu interessante Einzelheiten. Wie Frey (vgl. S. 54 ff.) berichtet, beeinflussen kleinste Kippbewegungen des Kopfes die Art, wie Menschen miteinander umgehen, ganz entscheidend. Kleine Kinder geben Spielsachen eher aus der Hand, wenn ihre zugreifenden Spielgefährten den Kopf seitlich kippen. Kopfbewegungen führen auch unter Erwachsenen dazu, daß sie ganz verschiedene Eindrücke voneinander gewinnen: Überheblichkeit, Freundlichkeit, Empfindsamkeit und Kälte werden aus ihnen abgeleitet. Und in der Malerei läßt sich nachweisen, daß die Gefühlsbeziehungen zwischen den Figuren mit entsprechenden Mitteln gestaltet sind: mächtige Personen haben aufrechte Kopfhaltung: Madonna mit Kind und Liebespartner weisen aufeinanderzu gekippte Kopfhaltungen auf, während Gegnerschaft zwischen Personen durch Kippung der Köpfe in Gegenrichtung zum Ausdruck gebracht wird. (Wenn kleinste Kopfsignale so starken Einfluß auf zwischenmenschliche Beziehungen ausüben, wird freilich vorsichtig zu beachten sein, daß man Eindrücke nicht vorschnell interpretiert. Ein Brillenträger mag Kopfneigungen nach vorne und hinten vornehmen, um besser zu sehen, ein Schwerhöriger den Kopf zum besseren Hören kippen.)

Kopfbewegungen unterstützen eine Reihe von Blickformen; so die seitlichen Blicke. Wir sehen dabei jemanden aus den Augenwinkeln heraus an und somit reserviert. Auch nach oben gerichtete Blicke kommen mit Hilfe der Kopfbewegung zustande. Wir können aus einer geduckten Haltung heraus zu jemandem demütig aufblicken, in angespannter Haltung aber auch Mißtrauen und Aggression zeigen. Mit Blicken von oben herab sehen wir bei zurückgenommenem Kopf auf jemanden herunter und zeigen dadurch Stolz und vorsichtige Abschätzung. Mit dem raschen Zurücknehmen des Kopfes im Gespräch signalisieren wir, zumal wenn die Brauen dabei hochgezogen werden, daß wir den Partner verstanden oder auch durchschaut haben.

Aus der senkrechten beziehungsweise waagrechten Kopfbewegung ergeben sich die in unserem Kulturkreis allgemein verständlichen Embleme für ›Ja‹ und ›Nein‹. Wenn Menschen miteinander sprechen, ist beim Zuhörenden oft ein beständiges leichtes Nicken zu beobachten. Es bedeutet aber nicht unbedingt Zustimmung, wohl aber Interesse und Bereitschaft zum Zuhören. Als einer Gruppe von Studierenden die Videoaufzeichnungen einer Therapiesitzung vorgeführt wurde, gab es starke Einwände gegen den Therapeuten. Man warf ihm vor, bei haarsträubenden Äußerungen des Patienten über dessen Ehefrau bekräftigend genickt zu haben. Tatsächlich zeigte die genauere Analyse des körpersprachlichen Verhaltens, daß es in dieser Form notwendig war, um das Gespräch in Gang zu halten. Der Patient deutete dabei das Kopfnicken keineswegs als Unterstützung seiner Ansichten, sondern fand im Laufe des Gesprächs vielmehr allmählich Ansatzpunkte zur Selbstkritik.

Wenn jemand längere Zeit zu Ihnen spricht, können Sie das zu einem kleinen Versuch nutzen. Sie vermeiden beim Zuhören jedes Zuneigen des Kopfes und nicken auch nicht. Statt dessen drehen Sie den Kopf sehr langsam hin und her. Der Partnerin oder dem Partner wird diese Art des Kopfschüttelns kaum bewußt, aber die Auswirkungen werden deutlich sein. (Je nach Individualität und Situation eindringlicheres Sprechen, Rotwerden, Bewegungen und Äußerungen des Unmuts...)

Sie können den Versuch auch so machen, daß Sie ein Gruppenmitglied vorweg instruieren und bitten, beim Hören eines Vortrages oder beim Anhören einer längeren Argumentation den Kopf eben auf oben beschriebene Weise hin- und herzudrehen. Denn so sind Sie dann in einer besonders günstigen Beobachterposition. Natürlich sollte gleich danach eine Aussprache aller Beteiligten erfolgen. Thema: Die kleinen körpersprachlichen Ursachen und ihre großen Wirkungen!

Abschließend möchte ich Ihnen noch ein Experiment schildern. Es verdeutlicht nochmals, wie stark minimale Veränderungen der Kopfstellung auf den Betrachter wirken. Frey gibt zur Mona Lisa zwei Montagen wieder. Sicher wird man nach dem Betrachten der drei Bilder Frey folgen, wenn er über den Unterschied der Eindrücke sagt (S. 61): »Die Rätselhaftigkeit von Mona Lisas Lächeln gründet in ihrer Kopfhaltung. Kippt man ihren Kopf seitlich in dieselbe Richtung, in die ihr Blick weist, wird ihr Blick weich, und ihr Lächeln tritt deutlich hervor. Kippt man ihn in die Gegenrichtung, so wird ihr Blick abschätzig, provozierend, und ihr Lächeln verschwindet.«

Gestik

Für die bisher behandelten Bereiche der Körpersprache konnten wir jeweils Schwerpunkte feststellen. So brachten wir die Mimik vor allem mit Emotionen in Zusammenhang. Dem Blickverhalten konnten wir in erster Linie Hinweise auf Denkvorgänge entnehmen. Aus Kopfhaltung und -bewegung gingen u. a. feine Unterschiede in bezug auf Zuwendung oder Abwendung zwischen Partnern hervor. Für die Gestik fällt zunächst eine enge Verbindung mit dem Sprechen auf. Gehörlose verständigen sich erstaunlich gut mit gestischen Systemen, aber auch sonst ersetzen Menschen ihr Sprechen oft durch ›nachahmende Zeichen‹ und benutzen bedeutungsmäßig feststehende Gesten beziehungsweise ›Embleme‹. Dazu können wir durchgängig das mehr oder weniger lebhafte Unterstreichen des Redens durch Hand- und Armbewegungen beobachten.

Ein bekanntes Beispiel für eine Geste, mit der Redner ihre Ausführungen unterstreichen, ist diese Präzisionsgeste (Abb. 14):

Abb. 14
Präzisionsgeste bei einer Beratung am Telefon

Unser Bildbeispiel ist deshalb interessant, weil der Sprecher hier trotz der telefonischen Beratungssituation – also ohne gesehen zu werden – Daumen und Zeigefinger feinfühlig zusammenführt. Es ist ihm also offenbar ein Bedürfnis, die Präzision seines Arguments körperlich zu untermalen und so seine gedanklichen Bemühungen durch äußeren Ausdruck zu begleiten. Tatsächlich weiß man aus Experimenten, daß es für Versuchspersonen schlimm sein kann, Sachverhalte verbal erklären und dabei auf jedes gestische Verhalten verzichten zu müssen (vgl. Scherer/Wallbott [Hrsg.], S. 104 ff.). Wir aktivieren uns also auch selbst, wenn wir beim Sprechen Gesten machen. Aber es wäre natürlich falsch, deswegen zu behaupten, ein Sprecher würde immer in derselben Weise gestikulieren, gleich, ob er Zuhörer direkt vor sich hat oder nicht. Viele unserer Gesten setzen wir sehr gezielt im Hinblick auf unsere Partner ein, die wir am Gespräch beteiligen wollen, so daß sich insgesamt deutliche Unterschiede zwischen dem Reden per Telefon und dem vor Zuhörern beziehungsweise Zuschauern ergeben. Was man im Auge behalten muß, ist dies: Die das Reden unterstreichende Gestik erfüllt offenbar gleichzeitig zwei Funktionen: Einerseits verdeutlicht der Sprecher mit ihrer Hilfe, was er inhaltlich übermitteln will, hier kommt er also den Hörern entgegen. Andererseits hilft er aber auch sich selbst, »über Unsicherheiten seiner Sprache oder Gedanken hinwegzukommen und den Ideenfluß zu beschleunigen« (Ekman/Friesen, S. 113).

Die Anzahl und Intensität unterstreichender Gesten variiert auch mit der jeweils unterschiedlich starken inneren Beteiligung am Gespräch oder am Vortrag. Müdigkeit, Besorgnis darüber, ob man gut ›ankommt‹, und Mutlosigkeit usw. führen zu einer Verringerung der Gestik. Steht der Sprecher dagegen enthusiastisch hinter seinem Thema und macht sich keine Sorgen über seine Position gegenüber den Adressaten, so wird seine Gestik lebhaft. Verstärkte gestische Aktivität läßt sich auch feststellen, wenn unsichere Situationen von der Art auftreten, daß Wortfindungsschwierigkeiten bestehen, daß Rückmeldungen der Hörer auf Unverstandenes hindeuten oder daß die eigene Sprecherrolle verteidigt werden muß (vgl. ebd.).

Die Vielfalt der Unterstreichungsgesten ist schwer in Begriffe zu fassen. Wissenschaftler sprechen hier von ›Illustratoren‹ und unterscheiden acht Typen (vgl. ebd., S. 113 ff.); einzelne Beispiele lassen sich oft verschiedenen Typen zuordnen. Darauf möchte ich hier aber nicht weiter eingehen, auch nicht darauf, daß natürlich zu den Finger-, Hand- und Armbewegungen häufig noch Bewegungen des Gesichts, Kopfes und gesamten Körpers hinzukommen.

Die einzelnen Typen der ›Illustratoren‹ genannten Gesten sind:

■ Bewegungen zur Betonung eines Wortes oder einer längeren Äußerung. Solche Bewegungen kann man sich eindrucksvoll vor Augen führen, wenn man die Video-Aufzeichnung eines Gesprächs oder Vortrags im Schnellauf wiedergibt. Dann fällt besonders auf, daß die sprechende Person ihre Worte generell mit rhythmischen Handbewegungen begleitet und vielfach spezielle ›Taktschläge‹ ausführt. Hier kann der Zeigefinger eine besondere Rolle spielen (›Zeigefinger-Taktschlag‹) oder das Vorstoßen der Hand (›Handstoß‹); manchmal schlägt der Sprecher auch mit der Faust oder der Handkante auf eine Unterlage, eventuell auch (beim ›Handhieb‹) mit der Kante einer Hand in den Handteller der anderen. Morris (1978, S. 56) spricht hier von ›Taktstocksignalen‹ und bringt fünfzehn Beispiele dafür, zu denen auch ›Präzisionsgriffe‹, ›Kraftgriffe‹, ›Luftgriffe‹, ›Boxhiebe‹, ›Handscheren‹ usw. gehören. Solche Bezeichnungen verdeutlichen, daß wir beim Reden unsere Partner nicht nur mit Worten, sondern auch mit den Händen zu ›packen‹ versuchen. Dabei dienen Begleitgesten sowohl der eindringlichen Unterstreichung als auch der Abmilderung und Beschwichtigung.

■ Bewegungen, mit denen wir den Ablauf eines Denkvorgangs oder die Richtung, in die ein Plan gehen soll, skizzieren. So könnte ein Redner seinen Vorschlag, in einer bestimmten Sache stufenweise vorzugehen, mit seiner rechten Hand verdeutlichen, die − mit Handrücken nach vorne − einige Male in Form von Stufen nach oben geht.

■ Hindeuten, um auf Gegenstände, Orte und Ereignisse aufmerksam zu machen. So weisen wir gerne dadurch auf nur gedanklich Anwesendes hin, daß wir bei ausgestrecktem Arm die Handfläche nach oben öffnen oder auch den Zeigefinger in eine bestimmte Richtung strecken.

■ Andeuten von räumlichen Gegebenheiten und Zusammenhängen. Mit Hand- und Armbewegungen veranschaulichen Redner auch immer wieder die Größe und Eigenart von Räumen.

■ Bewegungen, mit denen wir den Rhythmus oder das Tempo eines Ereignisses abbilden, über das wir gerade reden.

■ Nachahmung einer körperlichen Aktion oder auch eines mechanischen Ablaufes als Begleitung des Sprechens.

■ Einsetzen von Emblemen, um das wörtlich Gesagte auch körpersprachlich sichtbar zu machen oder um Worte zu ersetzen. (Illustrierende Gesten und Embleme können einander sehr nahekommen. So vergleiche man die Präzisionsgeste von Abb. 14 mit dem Emblem für ›okay‹ von Abb. 1. Ein Übergang von einer Begleitgeste zu einem Emblem erfolgt auch, wenn man den rechten Zeigefinger zur Unterstreichung seiner Rede einsetzt und von dieser schulmeisterlichen Geste aus eine abwinkende Bewegung macht, die als Verneinungszeichen eine festgelegte Bedeutung hat.)

Oft hört man, daß eine Geste mehr sagt als viele Worte oder daß sich jemand durch seine Gesten verrät. Damit meint man aber offenbar nicht die eben gezeigten illustrierenden und die Rede ja gezielt unterstützenden Gesten. Neben den ›Illustratoren‹ kennen wir aus dem Alltag ganz unbewußt bleibende kleine Gesten, die man in der Tat oft am liebsten verstecken möchte; die Wissenschaft bezeichnet sie als ›Adaptoren‹ (vgl.

71

Ekman/Friesen, S. 115 ff.). Während Illustratoren eher ›zentrifugal‹ sind, also Bewegungen vom Körper weg, sind Adaptoren auf den eigenen Körper gerichtet, ›zentripetal‹. Sie hängen nicht unmittelbar mit der Sprache zusammen, sind weniger sozial beeinflußt, dafür aber Anzeichen für Persönlichkeitszüge und emotionale Befindlichkeiten. (Vgl. Wallbott, S. 105 ff.) Wissenschaftler sehen sie sowohl im Zusammenhang mit Erregungssteigerung als auch mit Erregungsabfuhr: »Es ist denkbar, daß adaptive Bewegungen bei geringer Erregung dazu dienen, das Erregungsniveau zu steigern, während sie bei sehr hoher Erregung dazu dienen, das Erregungsniveau zu reduzieren.« (Ebd., S. 107.)

Nun sind Adaptoren eine sehr flüchtige Angelegenheit: wir bemerken kaum, was an Selbstberührung, Kratzen, Reiben usw. bei uns abläuft, und auch für unsere Gegenüber fehlt uns meist der Blick, diese Art von Gesten, die äußerst vielfältig sein können, halbwegs differenziert wahrzunehmen. Nimmt man sich allerdings ein gezieltes Beobachten vor, wird man schnell fündig. Das Fernsehen, zumal wenn man mit dem Videorecorder arbeiten kann, bietet ständig ergiebiges Anschauungsmaterial. Geraten Personen vor der Fernsehkamera an bestimmten Punkten unter Streß, kommt ihr emotionales Befinden deutlich in entsprechenden Bewegungen zum Körper hin zum Ausdruck. So interviewte kürzlich der Literaturkritiker Marcel Reich-Ranicki einen bedeutenden, aber als scheu bekannten Autor. Was sich hier körpersprachlich zeigte, war eine einzige Folge von Adaptoren, die den hohen Erregungsgrad zum Ausdruck brachten: Kratzen am Ohr und im Nacken, Zupfen am Ohrläppchen, Griff an die Nasenspitze, Entlangfahren am Nasenrücken, schnelles Betupfen der Nasenflügel, Legen des Handrückens auf die Stirn und auf die Augen, Auswischen der Augen mit den Fingern, Reiben der Schläfen, Halten des Kinns zwischen Daumen und Zeigefinger, usw. Ganz anders ist folgendes Beispiel gelagert. In der Sendung ›Was nun, ...? Fragen an einen prominenten Politiker‹ war Jochen Vogel, der Oppositionsführer im Bundestag, zu Gast. Dabei mußte er sich dann selbst einschätzen, ob er fortschrittlich sei und wie sehr. Seine Aussagen wurden dann mit dem Bild, das die Öffentlichkeit hierzu von ihm hatte, verglichen. Selbst- und Fremdurteil klafften peinlich weit auseinander. In den wenigen Sekunden, in denen er dies verarbeiten mußte, wirkte Jochen Vogel in Mimik und Stimme recht ruhig − aber die Fingernägel beider Daumen rieben mit starkem Druck aufeinander herum. Fand hier eine ›Nagelprobe‹ statt, sollte das angekratzte Bild geglättet werden? Wie auch immer − selbst dieser beherrschte Politiker reagierte unbewußt mit Adaptoren auf die belastende Situation.

Bevor wir zu weiteren Beispielen dafür kommen, wie wir uns selbst berühren, fragen wir nach dem tieferen Grund für diese Selbstkontakte. Er ist sicher vor allem in der Bedeutung zu suchen, die Berührungen und Hautkontakte auch zwischen Menschen haben. Ein Blick auf die humanbiologische Forschung zeigt, daß »Streicheln, Tätscheln, Kraulen, Auflegen der flachen Hand, Herzen und Umarmen« (Eibl-Eibesfeldt, S. 542) zum Repertoire der Mutter-Kind-Signale gehören; sie beruhigen und stimmen freundlich. Zwischen Erwachsenen wird Trost gespendet, indem sich Partner festhalten und in die Arme schließen. Wenn ein Ranghöherer einem im sozialen Rang Niedrigeren die Hand auf die Schulter legt, bringt das wohl den Statusunterschied zum Ausdruck, gibt aber auch Schutz (vgl. ebd.). Fehlt dieser beruhigende und schützende Kontakt der Mutter, des Partners, des Stärkeren, treten Selbstberührungen als Ausgleich auf. Verzweifelte, alleingelassene Kinder umklammern sich selbst; auch bei Erwachsenen gibt es verschiedene Formen, sich selbst zu umarmen oder die eigenen Schultern zu umfassen und dabei Geborgenheitsgefühle zu suchen oder nachzuerleben (vgl. ebd., S. 544 und Morris 1986, S. 135). Allerdings können Adaptoren wie Drücken oder Kratzen von Körperteilen auch gegen das Selbst gewendete Aggressionen sein oder Aggressivität und Mißtrauen gegen andere ausdrücken (vgl. Ekman/Friesen, S. 116).

Die Erforschung der Formen, Funktionen und Ursachen von Adaptoren steht erst am Anfang. Ich greife als Beispiel hier zunächst eine Erscheinungsweise heraus, die besonders deutlich zu beobachten ist, die Hand-Nase-Berührung. Die Nase für sich genommen hat bei weitem nicht die Ausdrucksfähigkeit von Stirn, Augen und Mund, zeigt aber immerhin »das angewiderte Naserümpfen, das mißtrauische Verziehen ..., das ängstliche Zucken, das Zusammenziehen ... bei Ekel, das Sich-Weiten ... bei Zorn und Furcht, das Schnauben bei Abneigung und Verärgerung und das Schnüffeln als Reaktion auf einen Geruch« (Morris 1986, S. 74). Morris (ebd., S. 75) glaubt darüber hinaus, daß Unsicherheit zu Streßreaktionen im feinen Nasengewebe führt. Daraus würde Kribbeln und Jucken resultieren, und die Bewegung der Hand zur Nase wäre so zu erklären, daß durch sie eine Beruhigung der erregten Partien erreicht werden soll. Morris beobachtet diesbezüglich verschiedene Formen: »Wenn uns eine schwierige Frage gestellt wird und wir unseren inneren Aufruhr verbergen möchten, während wir nach einer passenden Antwort suchen, zuckt die Hand zur Nase hinauf und berührt, reibt, hält oder drückt sie.« (Ebd.) Das Zusammendrücken des Nasenrückens bei angestrengtem Nachdenken wird wiederum mit einer fühlbaren Streßreaktion – mit vorübergehendem Schmerz in den Nasenhöhlen – in Verbindung gebracht: »Wenn wir den Nasenrücken mit den Fingern drücken, trägt diese Handlung vielleicht dazu bei, den Schmerz zu lindern, zumindest aber zeigt sie an, daß man auf sein Vorhandensein reagiert.« (Ebd.) Die Erklärung der Griffe an die Nase als Reaktion auf Kribbeln, Jucken und Schmerz infolge von Streß wird von Morris auch auf jene typische Bewegung angewendet, mit der sich ungeübte Lügner sofort verraten (Abb. 15):

Abb. 15
Nasenberührung als getarnte Mundbedeckung?

Hierzu muß allerdings noch ein anderer Erklärungsversuch herangezogen werden, der in der Nasenberührung ein getarntes Mundbedecken sieht (vgl. zum folgenden Morris 1978, S. 108 ff. und Ekman/Friesen, S. 121 ff.). Bei Kindern ist noch die volle Bedeckungsgeste häufig. Entschlüpft ihnen eine Lüge, halten sie gerne den Mund zu oder schlagen gegen ihn. Erwachsene kontrollieren diese Bewegung, die ja sehr offensichtlich und verräterisch ist, und kommen als Kompromiß zu Haltungen, wo der Mund nicht mehr oder nur teilweise bedeckt wird und der Zeigefinger unter der Nase liegt. Das oben beschriebene Nasenkitzeln, das unter nervöser Spannung entsteht, mag diese Tendenz, vom Mund zur Nase auszuweichen, noch weiter unterstützen.

Bei der Deutung der oben beschriebenen Gestik muß man sich natürlich hüten, vorschnell auf Lügen im engen Sinn des Wortes zurückzuschließen. Ihr Hintergrund ist vielmehr ein Auseinanderklaffen des Gedachten und des nach außen Gezeigten. Zu versuchen, seine Umwelt über den eigenen inneren Zustand zu täuschen, kann im Zusammenhang vieler Situationen sogar gesellschaftlich geboten sein. Man ist aber nicht gleich ›unehrlich‹, wenn man höflich Zustimmung mimt, eine Beleidigung übergeht usw. Aber sowohl in diesen Fällen als auch in solchen des Lügens werden Nasenberührungen und das mehr oder weniger reduzierte Mundbedecken häufiger. Die Mimik dagegen wird, wie wir schon früher ausführten, in solchen Situationen recht gut beherrscht. Geschulte Beobachter sehen freilich auch aus dem Gesichtsausdruck, wenn eine Person unter Spannung gerät; aber für den Laien sind diese mimischen Anzeichen zu geringfügig und kurzzeitig. Durch eine interessante amerikanische Untersuchung weiß man darüber recht gut Bescheid. Schwesternschülerinnen wurde verdeutlicht, daß sie im Umgang mit Patienten in der Lage sein müßten, Lügen zu verbergen. Um ihre entsprechenden Fähigkeiten zu testen, sollten sie über Filme einmal wahrheitsgemäß, einmal in Täuschungsabsicht berichten. Dabei stellte sich auch bei gekonnten Lügnerinnen ein zumindest etwas verändertes Gebaren ein, wenn sie schwindelten: Die Anzahl der ›Illustratoren‹, also der die Rede unterstreichenden und bewußter Kontrolle gut zugänglichen Gesten, ging zurück – wohl aus Angst, sich durch zu viel Bewegung zu verraten. Bei den Adaptoren standen die eben besprochenen Nasen- und Mundberührungen im Vordergrund, es gab aber auch Wangenreiben, Augenbrauenkratzen, Ohrläppchenziehen und Haarstreichen. Mimische Reaktionen, wie sie sich bei Stimmungsänderungen blitzartig einstellen, konnten aber in Sekundenbruchteilen so gut korrigiert werden, daß nur Experten sie wahrnahmen.

Der Bereich der Adaptoren ist vielfältig. Zu den zum Kopf hinführenden Handbewegungen gehört noch vieles andere: begriffsstutzig legen wir den Finger an die Unterlippe, zupfen zur ›Selbstbestrafung‹ an Ohrläppchen, wischen über die Augen (um klarer zu sehen?), lachen ins Fäustchen oder verarbeiten, uns den Nacken reibend, einen (Nacken-)Schlag an eine empfindliche Stelle usw. Auch die einzelnen Finger reiben aneinander – Daumen und Zeigefinger zum Beispiel bei kniffligen Problemen. Weiter gibt es Hand-zu-Hand-Bewegungen. Dazu gehören Händereiben und Händeringen – in den sprachlichen Ausdrücken dafür liegt ja schon die Deutung dieser Bewegungen. Auch sonst »sprechen Hände – nicht weniger als Blicke – Bände«. Man sieht ihnen mit ihren vielfältigen Verdrehungen und Berührungen an, wie jemand ›handeln‹ wird: zupackend, zögernd, selbständig oder haltbedürftig. Bei der intensiven Vergewisserung einer schmerzlichen Lebenssituation mögen sich die Finger ineinander flechten und wie ein ›Spanischer Reiter‹ Abwehr nach außen zeigen. Hannelore Hoger bringt eine solche Empfindung in einer Szene des Fernsehfilms ›Die Berninis‹ zum vollendeten Ausdruck.

Weiterhin können einzelne oder beide Hände auf verschiedene Weise den Körper berühren; so kann die rechte Hand nach oben über die Brust fahrend Selbstbezug zeigen oder – spontan oder gespielt – als beteuernde ›Hand aufs Herz‹ erscheinen. Von solchen ›Selbst-Adaptoren‹ lassen sich noch ›Objektadaptoren‹ (vgl. Ekman/Friesen, S. 117) unterscheiden: Wir geben den Druck, unter dem wir stehen, an einen Gegenstand in unserer Hand ab, spielen mit dem Kugelschreiber, der plötzlich wie ein Spieß auf den anderen oder auf uns selbst gerichtet wird; das Beißen auf den Brillenbügel mag zum Zeichen der Verbissenheit dem Partner gegenüber werden, und mit dem Stäubchen, das wir nervös von der Hose entfernen, wollen wir möglicherweise auch ein Problem loskriegen. Auch das Spiel mit brennender und nichtbrennender Zigaret-

1   Stellen Sie für zwei, drei Politikerinnen oder Politiker, die oft im Fernsehen erscheinen, einige ihrer typischen ›Illustratoren‹ fest, mit denen sie ihre Reden unterstreichen.

2   Untersuchen Sie weiterhin für einige Personen anhand von Fernsehsendungen oder -aufzeichnungen, welche ›Adaptoren‹ sie unter Streß (beim Betreten der Bühne, beim Beantworten heikler Fragen...) zeigen.

3   Halten Sie auch für sich selbst fest, welche Illustratoren und Adaptoren bei Ihnen besonders häufig sind. Vielleicht besprechen Sie Ihre Selbsteinschätzung in diesem Punkt mit einer Ihnen gut bekannten Person.

te und mit dem Zigarettenrauch und vieles andere gehören in solche Zusammenhänge. Bei der einen oder anderen der hier genannten Bewegungen mag sich freilich die Frage stellen, ob sie wirklich nur einen bestimmten Grad der Erregtheit angibt beziehungsweise sonst auf innere Zustände deuten läßt – in Richtung Spannung und Spannungsabbau sollten Adaptoren ja verstanden werden. Einige Beispiele rücken nämlich in die Nähe kommunikativer Signale, die Partnern helfen, aufeinander zuzugehen, oder umgekehrt die Wirkung haben, Barrieren zwischen einander aufzubauen. In der Tat muß die Gestik auch noch unter diesem Aspekt der Einstellung, die zwischen Menschen besteht, betrachtet werden. Dies wird im weiteren Zusammenhang der Körperhaltung geschehen.

Bewegungen der Zu- und Abwendung

»Während emotionale Gesten großenteils in einer Selbstberührung bestehen, richten sich Gesten, die Einstellungen zu anderen zum Ausdruck bringen, auf den Körper des anderen. So bedeutet ein Verschränken der Arme Abwehr, ein Ausstrecken der Arme bedeutet einen Schritt in Richtung Intimität, unruhige Bewegungen der Hände oder Beine repräsentieren eine Flucht vor dem anderen, eine Entblößung von Körperteilen kann eine sexuelle Aufforderung bedeuten und dergleichen.« Dieses Zitat aus Argyle (S. 250) eröffnet eine für unsere alltägliche Kommunikation gut anwendbare Betrachtungsweise. Für die Bewegungen unserer Hände und Arme kommt neben den Funktionen, das Sprechen zu begleiten und innere Spannungen anzuzeigen, noch eine dritte Funktion in den Blick, nämlich der Ausdruck von Zu- oder Abneigung, Interesse oder Desinteresse dem anderen gegenüber. Ist Kontakt gewünscht? Erfolgt eine Sperrung oder Öffnung? Kommt jemand dem anderen zu nahe und erzeugt Abwehr? Solche Fragen sind jetzt zu stellen; ich gehe dabei zunächst von den Händen und Armen aus.

Kontaktaufnahme und Offenheit dem anderen gegenüber gehen mit der Öffnung der Handflächen nach vorne und oben einher. Diese Bewegung taucht in Gesprächen immer wieder auf, wenn Angebote gemacht werden, wenn ein Partner die ›Karten offenlegt‹, und als Reaktion stellt sich auch eher Interesse und Vertrauen ein als bei einer Abschirmung durch den nach vorne gekehrten Handrücken. Sicher können derartige Zuwendungen in Täuschungsabsicht gespielt werden, aber dann ergeben sich Probleme der Stimmigkeit im Verhältnis zur Sprache und zur Haltung des ganzen Körpers. Die Aufforderung, mehr mit offenen Handflächen zu kommunizieren, ist trotzdem in vielen Fällen sinnvoll. Sie mobilisiert Kräfte der Zuwendung und kann helfen, bei sich selbst Tendenzen zu Undeutlichkeiten und zum Versteckspielen zu erkennen und diese zugunsten einer klaren Artikulation der eigenen Absichten zu verändern. Die Botschaft der Offenheit setzt natürlich auch ein Mitgehen der Arme voraus. Wer sie an den Körper preßt, wird auch nicht mit ›offenen‹ Händen geben beziehungsweise den anderen mit ›offenen Armen‹ empfangen. Zu fragen ist auch noch, ob die oben nach Argyle zitierte Feststellung, eine ›Entblößung von Körperteilen‹ könne eine spontane, aber in der Andeutung verbleibende sexuelle Aufforderung bedeuten, auch für Hand- und Armbewegungen gilt beziehungsweise auf spezielle Formen der Zuwendung erweitert werden kann. Sicher denkt man hier zunächst an eine Reihe von gar nicht bewußt werdenden minimalen Haltungsveränderungen in anderen Bereichen des Körpers. Ein gutes Beispiel dafür ist das leichte Heben des Kinnes mit Offenlegung des Halses beziehungsweise der empfindlichen Kehle. (Ein Flirtsignal ist dies freilich nur in entsprechenden Zusammenhängen. Der Hals kann u. a. auch noch herausfordernd gezeigt werden, als Drohung: »Ich bin so stark, daß ich es wage, dir sogar meine Kehle offen darzubieten.«) Auch die erhobene offene Innenhand mit dem vorgekehrten sensiblen Handgelenk kann Werbecharakter haben. (Vgl. Abb. 16 nach Scheflen, S. 27.)

Abb. 16
Eine aktiv werbende Frau präsentiert oft die Innenhand

Eine umgekehrte Wirkung erzielen wir bei der ebenfalls aufrecht nach vorne gehaltenen Hand, wenn sie mehr oder weniger angespannt ist und mit dem Handteller auf den Partner zeigt. In dieser Haltung kann sie nicht nehmen oder geben, wohl aber drücken und auch schlagen. Sie ist also jetzt Teil einer Wegschiebbewegung, wehrt ab und weist aktiv zurück. Nach unten geöffnete Hände zeigen wir oft, wenn es etwas vorsichtig zu prüfen, zu unterdrücken und abzuwerten gilt. Mit dem auf den Partner zeigenden Handrücken bauen wir eine Barriere auf, so unauffällig das im einzelnen bleiben mag. Daß das Verschränken der Arme ebenfalls Abwehr und Verteidigung signalisiert, erwähnte ich bereits. Solche Bewegungen des Sichzumachens durch Hand- und Armbewegungen bei unseren Gesprächspartnern sollten beachtet werden und mitbestimmen, ob wir weiter auf sie einreden wollen oder es doch vorziehen, das Gesagte nochmals zu überdenken und nach neuen Zugängen zu suchen. Ein weiteres Barriereanzeichen der Hände ist etwa dann gegeben, wenn jemand beim Stehen die Hände vorhält oder beim Sitzen auf den Oberschenkeln ablegt und die Spitzen der gestreckten Finger aufeinander drückt, um sich hinter diesem Gebilde, das einem Schiffsbug ähnelt, symbolisch zu verschanzen. Freilich stehen solche Bewegungen oft mit Illustratoren in Zusammenhang; so gibt es eine ähnlich aussehende Präzisionsgeste, bei der der Redner seine Konzentriertheit sich und anderen dadurch verdeutlicht, daß er mit den Spitzen der Finger beider Hände genau aufeinander trifft. (Wäre er unkonzentriert, gerieten die Finger ja inein-

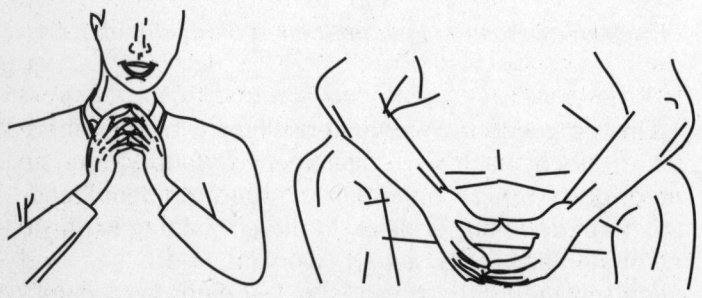

Abb. 17
*Schützend und präzisierend zusammengelegte
Fingerkuppen*

ander zu einem Geflecht.) Abb. 17 stellt diese beiden zuletzt genannten Fingerberührungen einander gegenüber. Natürlich gibt es dazu noch viele Varianten. So könnten die beiden Zeigefinger pfeilartig und aggressiv nach vorne weisen, während die anderen Finger verschränkt sind. Überhaupt ist die Spannung zu beachten, die in solchen Schutz- und auch Angriffshaltungen liegt. Es kann Ausdruck von Selbstsicherheit und Überheblichkeit wie auch von ausgefallenen Gedankenspielen sein, wenn vor dem Mund ein Dach mit gespreizten, sich an den Kuppen berührenden Fingern aufgebaut wird. Solche Barrieresignale können auch leicht in Adaptoren übergehen.

Wie Morris (vgl. 1986, S. 133) erläutert, sind die Barrieresignale der Arme und Hände oft nur angedeutet und als ›Korrekturgesten‹ getarnt. Nicht nur in Gesprächssituationen, sondern auch, wenn sich Menschen in der Öffentlichkeit unsicher, bedroht oder bloßgestellt fühlen, reagieren sie mit einem Kreuzen der Arme vor dem Körper. Prominente wissen mit diesem Umstand umzugehen und verändern diese verräterische Reaktion gerne zu einem Zurechtrücken der Manschetten, der Handtasche, der Armbanduhr usw. Freilich gibt es auch Zeitpunkte in Gesprächen und Phasen im Zusammensein mit anderen, wo verschränkte Arme unproblematisch und in ganz andere Richtungen gehende Zeichen sind; so beim gesammelten Zuhören und wenn man demonstriert, daß man im Augenblick nachdenken und nicht handeln will.

Unter dem Gesichtspunkt ›Kontakt oder Barriere?‹ wird man auch immer darauf sehen, ob die Signale eines bestimmten Bereiches – ich griff hier die Hände und Arme heraus – mit der Gesamtheit der ausgesendeten Signale übereinstimmen oder ob letztlich doch widersprüchliche Botschaften von jemandem ausgehen. So könnte es durchaus sein, daß jemand mit dem, was er sagt, Angebote und Versprechen macht, sich körpersprachlich aber verbarrikadiert oder sogar unkontrollierte Wegschiebbewegungen ausführt. Die Zwänge, unter denen Politiker bei öffentlichen Äußerungen stehen, äußern sich häufig auf solche Weise. Doch hier soll es ja allein um die Körpersprache gehen. Wie sehen dort eindeutige, vom Kopf bis zur Sohle stimmige Zuwendungen aus? Woran sind andererseits unstimmige Zuwendungen zu erkennen?

Wird wirklich eindeutig Kontakt hergestellt und gehalten, finden Hände und Arme vielschichtige Unterstützung. So durch zugewendeten Kopf, Augenkontakt, vorgeneigten Oberkörper und in die Richtung des Partners weisende Beine und Füße oder jedenfalls durch Bein- und Fußhaltungen, die keine Barrieren aufbauen und nicht auf Unruhe und ›Fluchtabsichten‹ deuten lassen. Oft aber mischen sich Körpersprachsignale der Abwendung und sogar Ablehnung in Handlungen, die Zuwendung demonstrieren wollen oder müssen. So könnte der Kopf abgewendet oder zurückgeworfen sein und sich die Zunge leicht zwischen die Lippen pressen, während sich die Schultern hoch- oder nach vorne ziehen. Vermutlich würden Adaptoren zunehmen oder nur mit Mühe unterdrückt, und Beinbarrieren würden häufig — beim Stehen etwa durch einen quer vorgestellten Fuß und beim Sitzen durch ein Übereinanderschlagen der Beine, bei dem der Oberschenkel oben liegt, der dem Partner näher ist. Auch Gegenstände wie Taschen und Schreibgeräte können zum ›Schild‹ werden und lassen sich dazu benutzen, Grenzen zu ziehen. Partner senden also in Zuwendungssituationen eine Vielzahl von Signalen aus: sie können alle in die gleiche Richtung deuten, aber wir mögen beim anderen und auch durchaus bei uns selbst Anzeichen des Unbehagens, des Widerwillens und der Flucht-tendenz wahrnehmen, die das Gesamtbild stören.

Einige Forscher (beispielsweise Morris – vgl. 1978, S. 83 ff.) sprechen sehr treffend vom ›Haltungs-Echo‹, wenn es Partnern oder auch Freundesgruppen unbe-wußt gelingt, Körperhaltungen einzunehmen, die in vielen Aspekten identisch sind. Man hält etwa Beine und Arme in gleicher Weise und bewegt sich auch in ähnlichem Rhythmus. Oft läßt sich geradezu eine Sym-metrieachse zwischen den Partnern und ihren spiegel-bildlichen Haltungen und Bewegungen denken. Dabei kann es sich um Gesprächssituationen handeln, aber auch um gemeinsames Warten, Zuschauen und Genie-ßen. Gemeinsamkeit, die so zum Ausdruck kommt, setzt Vertrautheit, gegenseitige Sympathie und meist auch einen in etwa gleichen gesellschaftlichen Status voraus. Als Beispiel hier das Bild eines wartenden Ehe-paares:

Abb. 18
›Haltungs-Echo‹

Unsere Abb. 18 ist einer Szene aus einer ›Mensch, Meier‹-Fernsehsendung von Alfred Biolek nachgezeichnet. Man hatte den ratenden Gästen Filmaufnahmen von drei wartenden Paaren vorgeführt; sie hatten herauszufinden, welches Paar verheiratet war oder sich ansonsten gut kannte. Zwei der drei Kandidaten tippten daneben. Das ist insofern interessant, als schon ein wenig Kenntnis der Körpersprache genügte, um sicher zu gehen. So wie bei dem Ehepaar das deutliche ›Haltungsecho‹ der entscheidende Anhaltspunkt gewesen wäre – man beachte nur die Bein- und Armhaltung –, so hätten bei den beiden anderen Paaren (Abb. 19) die Barrieresignale beachtet werden müssen:

19 a

Abb. 19
Einander fremde Personen in enger Sitzposition

Alfred Biolek hatte einen Experten zur Erläuterung eingeladen – Samy Molcho, einst berühmter Pantomime und heute bekannter Lehrer in der Theorie und Praxis der Körpersprache. U. a. war sein Kommentar zu dem Bild, das die beiden anderen Paare boten: Die Personen sitzen relativ weit auseinander. Einmal sitzt der Mann ganz in der Ecke. Im anderen Fall ist der Abstand geringer, aber nur, weil ein gemeinsamer Bezugspunkt da ist – man sitzt am Tisch. Beide Male schaffen Arme, Handrücken und Schultern Barrieren zum offenen Platz dazwischen. Auch die Wegwendungen sind deutlich – der Mann am Tisch öffnet sich sogar ausdrücklich in die der Partnerin entgegengesetzte Richtung. Zusätzlich ist die Barriere durch die Beine zu beachten: das überschlagene Bein weist ebenfalls von der Partnerin weg. (Auch beim Ehepaar könnte bei oberflächlicher Betrachtung die Beinhaltung des Man-

19 b

nes als Barriere interpretiert werden. Aber das Paar befindet sich nicht im Gespräch, sondern wartet ungezwungen gemeinsam und zeigt dabei das ›Haltungs-Echo‹.)

Bewegungen der Zu- und Abwendung spielen auch in Gesprächsgruppen eine entscheidende Rolle. Dazu möchte ich wenigstens noch einiges von dem andeuten, was sich bei Gesprächen zu dritt ergeben kann. Bereits bei einer Dreiergruppe wirft ja eine Zuwendung zu einem Partner das Problem auf, daß sie mit einer Abwendung von der dritten Person verbunden ist und diese vielleicht längere Zeit vom gemeinsamen Gespräch ausschließt. Im Beispiel von Abb. 20 wollen die beiden Frauen rechts einen solchen Ausschluß wohl sogar ausdrücklich. Die dritte Frau hat keine Chance, in den ›Kreis‹ einzudringen, den die anderen durch die Richtung ihrer Füße zu umschreiben scheinen. Der linke Arm einer der beiden Gesprächspartnerinnen tut ein übriges, um die ungewünschte dritte Person abzuhalten; ein Zugang wäre nur von rechts her möglich.

Abb. 20
Ist ein Eindringen in diesen ›Kreis‹ möglich?

Im folgenden Beispiel (Abb. 21) steht ein Paar einmal so zusammen, daß es sich gegen Dritte durch Nähe, Fußrichtung, Armhaltung und Zuwendung der Gesichter abschirmt, und einmal in ganz offener Weise (größerer Abstand, keine Abwehrhaltung der Arme und nach außen einen Winkel von nahezu 90 Grad bildend), so daß jederzeit jemand hinzutreten kann.

Abb. 21
›Zutritt für Dritte‹ – einmal verboten, einmal erlaubt

Finden sich drei Personen auf Sitzmöbeln zu einem Gespräch zusammen, ist es natürlich auch notwendig, alles zu tun, daß man sich gemeinsam gut unterhält. Das ist aber gar nicht so einfach, wie ein Versuch mit Studierenden zeigte (Abb. 22). Schon die unausgesprochene Frage, wer sich in die Mitte setzt, war wegen des besonderen Arrangements für alle Beteiligten ein Problem – und tatsächlich kam der Person, die schließlich in die Mitte geriet, besondere Verantwortung zu. Dies verdeutlicht auch der abgebildete Szenenausschnitt:

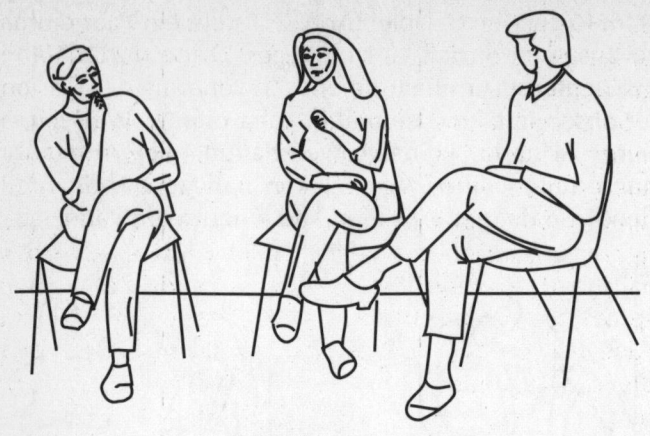

Abb. 22
Wie ist eine gleichmäßige Teilnahme am Gespräch
möglich?

Das Gespräch lief weitgehend zwischen der Studentin und dem (in der Zeichnung) rechts sitzenden Studenten. Die Studentin versuchte zwar – mit Blicken und teilweisen Zuwendungen oder wenigstens Verdrehungen des Körpers – auch den links Sitzenden einzubeziehen. Oft richtete sie zudem die erhobene offene Innenhand in seine Richtung, was sich ebenfalls als ›Werbung‹ um seine Teilnahme interpretieren läßt (vgl. S. 81). Sie wurde dabei aber nicht unterstützt. Ihr Gesprächspartner rechts blieb – man beachte auch Arm- und Beinhaltung – ihr stärker zugewendet, so daß sie sich nur zeitweise aus dem so geschaffenen ›Kreis‹ lösen konnte. Und der links sitzende Adressat ihrer Bemühungen merkte zu wenig, daß sie ihm Signale sendete, die eigentlich ›Einsätze‹ für seine Mitwirkung waren. Mit abgedecktem Mund und dem als Barriere hochgezogenem linken Bein (unterstrichen noch durch

Barrierewirkungen der linken Schulter) war es auch unwahrscheinlich, daß er selbst größere Initiativen ergreifen würde.

Solche Situationen, wo sich in einem Dreiergespräch jemand durch die Zuwendung zwischen zwei anderen ausgeschlossen fühlt oder diesen Ausschluß selbst noch durch sein Verhalten unterstützt, sind sehr häufig. Jeder Mensch erfährt an sich immer wieder beides: Fälle, wo er weniger zu den sprechenden und angesprochenen Mitgliedern einer Gruppe gehört, und Fälle, wo er stark einbezogen ist und vielleicht sogar die die Gesprächsteilnehmer integrierende Funktion hat.

Was aber wären die Aktionen und körpersprachlichen Signale, mit denen die ›ausgeschlossene‹ Person – wenn sie dies will – wahrscheinlich doch zu einer ausgeglichenen Beteiligung kommen könnte? Sicher müßte sie gut auf ›Einsätze‹ achten, die sie normalerweise durch gelegentliche Zuwendung bekommt, und diese schnell nutzen. Sie selbst müßte sich hüten, Barrieren zu schaffen, und sie müßte Dynamik in die Situation bringen. Sicher geht es dabei auch sehr stark um sprachliche Mittel, doch stets verbunden mit einer Körpersprache gezielter Zuwendung. Analysiert man auf Videobändern die Verhaltensweisen, mit denen Gesprächsteilnehmer – bewußt oder unbewußt – auf Mitsprache dringen und diese auch erreichen, fällt auf, daß sie sich vorbeugen, einen oder beide Daumen hochrecken und natürlich Redegesten vorwegnehmen. In der Sitzhaltung befinden sie sich oft regelrecht auf dem Sprung – mit unter den Schwerpunkt gesetzten Füßen und mit Armen, die den Körper von der Stuhlkante nach oben drücken.

Freilich gelten solche Beobachtungen und Überlegungen nur für durchschnittliche Bedingungen und für

Gruppen mit in etwa statusgleichen Mitgliedern. Personen in sehr dominanter Position brauchen sich um ihre Mitwirkung ja meist nicht besonders zu bemühen. Sie können sich vielmehr große Lässigkeit leisten. Tatsächlich gibt die entsprechende Körperhaltung Hinweise auf Unterschiede im sozialen Status der Gesprächsteilnehmer. ›Asymmetrische‹ Haltung, zum Beispiel seitlich angelehnter Oberkörper, aber auch verschränkte Arme oder gegen den Hinterkopf gelegte Hände sowie

1   Wenn Sie gezielt eigene Erfahrungen zur Körpersprache der Zu- und Abwendung machen möchten, könnten Sie so vorgehen. Nehmen Sie sich vor, anläßlich einer Zusammenkunft mit einer Person, die Sie nicht besonders leiden können, und anläßlich einer Zusammenkunft mit einer wirklich befreundeten Person, genau auf die Signale zu achten, die zwischen Ihnen und dieser Partnerin beziehungsweise diesem Partner hin- und hergesendet werden:

■ Wenn Sie sich beide gemeinsam setzen und das erste Mal die Beine übereinander schlagen – wohin weist dann das obenliegende Knie? (Überbewerten Sie diese Beobachtung aber nicht; im weiteren Verlauf des Gesprächs wird man die Beinhaltung ohnehin öfters wechseln.)

■ In welcher Weise richten sich die Körper aus, in welche Richtung öffnen beziehungsweise schließen sie sich?

übereinandergeschlagene und ausgestreckte Beine zeigen einen höheren Status an und sind insofern Dominanzsignale. Statusniedere Personen befleißigen sich in Gesprächssituationen mit Personen aus höheren Schichten oder mit in anderer Weise übergeordneten und überlegenen Personen eher einer ›symmetrischen‹ Körperhaltung, also zum Beispiel Körper aufrecht, Hände auf den Oberschenkeln (vgl. Mehrabian, 1972 und Ellgring, S. 34 ff.).

■ Wo können Sie Gespanntheit in Ihrem Körper fühlen? Sind Entspannungsversuche erfolgreich?
■ Wozu führen bewußte Zuwendungsversuche? Welche Hinweise auf die Beziehungen zwischen den Partnern geben neben der Haltung andere Bereiche der Körpersprache (Blickkontakt, lautliches Verhalten...)?

2 Beachten Sie bei Diskussionen und Gesprächen, wie sich einzelne dem Redner zuwenden. Nur mit den Augen? Wie weit ist der Kopf mitgedreht? Wendet sich der Rumpf auch voll zum Redner oder weist er von ihm weg? Worin zeigt sich bei voller Zuwendung Zustimmung beziehungsweise Ablehnung?

›Raumverhalten‹

Zuwendung erfahren wir nicht immer positiv. Jedenfalls dann nicht, wenn uns zum Beispiel jemand mit
ausgestrecktem Zeigefinger regelrecht bedrängt. Auf
solche und ähnliche ›Zuwendungen‹ reagieren wir mit
Abwehr und fühlen uns nicht selten in unserer persönlichen Würde verletzt. Auch in unserem Verhalten, das
wir anderen gegenüber zeigen, sind wir immer in Gefahr, einzelnen näher zu kommen, als diese es wollen,
und die Signale zu übersehen, die sie zum Schutz ihrer
privaten Sphäre aussenden. In diesen Dingen spielt offenbar auch der Gesichtspunkt der Macht, die Menschen untereinander haben oder für sich beanspruchen, eine große Rolle.

Die Wissenschaft von der Körpersprache hat die hier
angesprochenen Erscheinungen natürlich nicht übersehen. Vielmehr kreist die Forschung in den USA schon
seit den fünfziger Jahren um zwei hierzu einschlägige
Begriffe, die sich auch bei uns mehr und mehr einbür-
gern, nämlich um die Begriffe ›Kinesik‹ und ›Proxemik‹.
›Kinesik‹ leitet sich von dem griechischen Wort für Bewegung her und meint die Gesamtheit der (nicht lautlichen) körpersprachlichen Aktionen und Reaktionen,
wie sie bisher für die einzelnen Bereiche der Körpersprache behandelt wurden. Auch die Wissenschaft von
diesen Bewegungen (sie umfassen also noch mehr als
das, was wir unter ›Mimik‹ und ›Gestik‹ verstehen)
heißt ›Kinesik‹ (vgl. den Begründer Birdwhistell, S. 192:
»Kinesik ist die Wissenschaft von der Kommunikation
durch körperliches Verhalten«). Die ›Proxemik‹ nun
(als Wissenschaft begründet von Hall – das Wort
kommt vom englischen ›proximity‹ – Nähe) untersucht unser ›Raumverhalten‹; so auch die Distanz
zwischen Menschen bei alltäglichen Handlungen und

die Folgen, die unterschiedliche Grade der Nähe (bis hin zur Berührung) in bestimmten Situationen haben. Andere Forscher – besonders Sommer – verbinden das Konzept von Hall mit Untersuchungen zum sogenannten ›Territorialverhalten‹ und zum ›persönlichen Raum‹. Tatsächlich sind die Ergebnisse ein gut anwendbarer Schlüssel zu wichtigen Aspekten unseres Verhaltens.

Oft wird Halls Unterscheidung von vier Distanzbereichen herangezogen. Sie bezieht sich auf Amerika, doch können wir im wesentlichen eine Übertragbarkeit auch auf deutsche Verhältnisse annehmen:

1. *Intime Distanz*
nahe Phase: 0 – 15 cm
ferne Phase: 15 – 40 cm

3. *Soziale Distanz*
nahe Phase: 1,20 – 2,00 m
ferne Phase: 2,00 – 3,50 m

2. *Persönliche Distanz*
nahe Phase: 45 – 75 cm
ferne Phase: 75 – 120 cm

4. *Öffentliche Distanz*
nahe Phase: 3,50 – 7,50 m
ferne Phase: über 7,50 m

Daß Hall ›nahe Phasen‹ und ›ferne Phasen‹ unterscheidet, hat sowohl kulturelle als auch situative Gründe. Wir können uns gut vorstellen, daß die genannten Distanzzonen ständig variieren müssen. Unsere Raumbeanspruchung hängt mit den Umständen zusammen. In einem vollgestopften Aufzug, im Restaurant, während wir bedient werden, und in vielen ähnlichen Situationen in der Öffentlichkeit können wir keinen maximalen persönlichen Raum für uns beanspruchen. Die Leute freilich, die uns dabei näher kommen, als es sonst üblich ist, behandeln wir so unpersönlich wie möglich, als ›Unpersonen‹, mit denen wir nur einen genau gesteuerten Kontakt unterhalten (vgl. Ellring, S. 37). Unser Körper versteift sich dabei, und unser Gesichtsausdruck signalisiert Gleichgültigkeit. Umgekehrt können wir auf größeren Raumanspruch pochen, wenn Platzprobleme ausgeschlossen sind. Unter diesem Vorbehalt, daß der Raumanspruch ständig im Fluß ist, will ich versuchen zu verdeutlichen, was die vier Distanzen für unser Verhalten bedeuten.

Intime Distanzen bilden ein Territorium, in dem wir nur Menschen zulassen, mit denen wir enge Beziehungen wollen; diese intensivieren wir in der Berührung und in der Wahrnehmung von Wärme, Atmung und Geruch. Das Eindringen von Fremden in diesen Raum wird als Bedrohung erlebt. Auch in persönlichen Distanzen ist Berührung möglich, aber in ritualisierter Form. Eine große Rolle spielen verschiedene Formen des Blickkontakts, die signalisieren, welcher Grad an Vertrauen oder gegenseitigem Interesse besteht. Der Gedankenaustausch innerhalb dieser Zone ist persönlich geprägt, Gefühlsmitteilungen sind häufig. Soziale Distanzen gelten für Leute, die wohl zusammenarbeiten und höflich miteinander verhandeln wollen, aber ohne zu persönlich zu werden. Außenstehende erkennen, daß es sich um formelle Zusammenkünfte handelt. Oft sorgen Sitzordnung und Mobiliar für die Sicherung einer offiziellen Atmosphäre. Bei öffentlichen Distanzen geht es überhaupt nicht mehr um den Austausch zwischen Einzelpersonen. So sind Redner von ihren Zuhörern getrennt und in der Regel besteht bei Auftritten deutlicher Abstand zwischen Politikern, Stars usw. und ihren Anhängern.

Auf dem Hintergrund dieser Lehre von den Distanzzonen konnten viele Einzelheiten über die Bedeutung der Abstände ermittelt werden, die Menschen zwischen sich lassen. So ergab sich, daß Aggressive größere Intimzonen für sich beanspruchen. Menschen, die sich mögen, rücken näher aneinander heran; auch besteht die Neigung, enger bei den Leuten zu stehen oder zu sitzen, von denen man Zuneigung erwartet oder deren Beifall einem wichtig ist (vgl. Mehrabian). Das Einnehmen von Plätzen in einem Vortragssaal ist ein Hinweis auf Interesse, sich zu beteiligen. Wer mitdiskutieren möchte, setzt sich meist in einen Bereich, wo es noch möglich ist, Kontakt aufzunehmen. Hier soll aber – als Abschluß der Überlegungen zu den Bewegungen der Zu- und Abwendung – noch einmal die Rede davon sein, wie die körpersprachlichen Signale aussehen, mit denen Menschen Angriffe auf die persönlichen Räume anderer machen und wie sie ihren persönlichen Raum verteidigen.

In verschiedenen Bereichen der Körpersprache haben Sie bereits Signale des Angriffs kennengelernt. Ganz besonders wichtig ist das bedrohliche Ausdehnen eines Blickkontaktes über die üblichen zeitlichen Grenzen hinaus – also zum ›Drohstarren‹. Von der Körperhaltung her können wir durch starkes Vorbeugen in den persönlichen Raum von anderen eindringen. Daß in der Gestik dem ausgestreckten Zeigefinger die Funktion einer ›Waffe‹ zukommen kann, wurde bereits gesagt. Fast immer ist hierbei auch der Daumen im Spiel. Hochgestreckt oder sonst deutlich hervortretend, unterstützt er die Selbstdarstellung der handelnden Person und wird Teil von Dominanzgesten. Wenn Personen aufgrund ihrer Machtposition persönliche und sogar intime Distanzen gegen den Willen ihrer verdutzten und gedemütigten Abhängigen durchbrechen, tun sie dies oft einfach durch ein schrittweises und bewußt geplantes Näherkommen. Sie ›rücken dem anderen auf den Leib‹. Ungewollte Geständnisse und Zusagen können die Resultate sein. Auch im Verhör gibt es die Taktik der Verletzung des persönlichen Raums; in Fernsehkrimis läßt sich beobachten, wie der Inspektor selbst oder seine Mitarbeiter beim Überführungsversuch ganz nahe an den Übeltäter herangehen.

Die Körpersprache der Abwehr gegen solche Bedrängungen hat interessante Besonderheiten. Abhängige Personen werden sich oft mit vorsichtigen Signalen der Abwendung begnügen müssen, wie wir sie schon kennen. Die Streßsituation kann in Herzklopfen und Schweißausbruch zum Ausdruck kommen. Meist bleibt aber das sich einstellende Unbehagen unbewußt; außerdem fehlen in der Regel Mut und Fähigkeit, die eigenen Empfindungen auszusprechen. Nun mag ein solches ›Verbalisieren‹ in vielen Fällen auch nicht nur schwierig, sondern tatsächlich unangemessen sein. An seine Stelle treten dann körpersprachliche Zeichen eines Typs, den Scheflen (vgl. S. 111–120) recht treffend ›Monitore‹ nennt. Mit Monitoren ergreifen wir in der Kommunikation Korrektur- und Gegenmaßnahmen gegenüber Verhaltensweisen, die gesellschaftlich unzulässig oder uns persönlich unangenehm sind. Beispiele: Auf jemanden blicken, um ihn zu veranlassen, mit einer bestimmten Handlung aufzuhören; durch ›Hindurchsehen‹ jemandem signalisieren, daß er nicht erwünscht ist; Wegsehen, weil man eine andere Meinung andeuten will; mißbilligendes Stirnrunzeln usw. Solche Monitore erinnern uns wieder einmal an die soziale Bedingtheit des mimischen Ausdrucksverhaltens. Im Zusammenhang der ›Unterschiede im Gefühlsausdruck‹ – vgl. S. 35 – hatte ich folgendes Beispiel dafür genannt: Allein gelassene Betrachter von Gruselfilmen machten in einem Experiment ungerührte Gesichter. Erst als ihnen jemand gegenübersaß, entsprach ihre Mimik unseren Klischeevorstellungen: durch ein verzerrtes Gesicht gaben sie dem Partner ihren Ekel kund beziehungsweise führten einen emotionalen Einklang mit ihm herbei.

Bei störendem Eindringen in unseren privaten Raum mögen wir den Kopf zurücknehmen, die Augenlider zusammenkneifen, zurückzucken und uns leicht abwenden. Sehr typisch ist auch ein Hochnehmen des Armes, das als abwehrende Bewegung auffällt (Abb. 23,

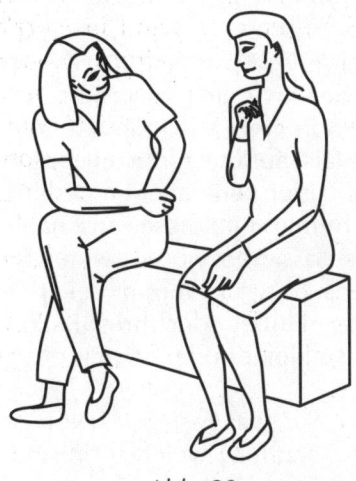

Abb. 23
Der hochgenommene Arm als Zeichen der Mißbilligung

nach Scheflen, S. 113). Solche Gesten der Mißbilligung sollen zu einem gewohnten und akzeptierten Verhalten des anderen zurückführen. Der Alltag belehrt uns jedoch, daß das nicht immer gelingt. Scheflen (S. 111) äußert sich so dazu: »Manchmal wird eine Abweichung durch ein solches Korrektursignal noch nicht beendet. Der Monitor wird zum Beispiel mißachtet, und das unangenehme Verhalten tritt immer wieder auf. In solchen Fällen beschleunigt sich das Tempo, in dem die Korrektursignale einander folgen, und alle Anwesenden können ihren Teil dazu beitragen.«

1   Denken Sie doch bitte einmal darüber nach, welche Gewohnheiten Sie haben, wenn Sie Räume wie Vortragssaal oder Restaurant betreten. Wohin setzen Sie sich am liebsten und welche Botschaft senden Sie damit für andere aus?

2   Der englische Ausdruck für den persönlichen Raum, mit dem wir uns umgeben, ist ›the bubble around us‹ (Sommer), also die ›Hülle‹, ›Blase‹ oder der ›Ballon‹ als äußere Grenze unserer Intimzone oder auch unserer persönlichen Distanz. Stellen Sie sich vielleicht mit Hilfe dieses anschaulichen Begriffes vor, was passieren würde, wenn Sie gegenüber einigen Menschen aus Ihrem Bekanntenkreis den Umfang Ihrer ›Hülle‹ oder Ihres ›Ballons‹ veränderten – ihn also kleiner oder auch größer machten.

3   Bitte lesen Sie, was Fast (S. 23) von einem kleinen ›Experiment‹ erzählt, welches mit ihm gemacht wurde, ohne daß er es bemerkte:

»Vor nicht allzu langer Zeit aß ich mit einem befreundeten Psychiater zu Mittag. Wir saßen in einem angenehmen Restaurant an einem jener kleinen Tische, die heute so beliebt sind. Nach einigen Augenblicken holte er eine Schachtel Zigaretten aus der Tasche, zündete sich eine Zigarette an und legte die Schachtel vor meinem Gedeck auf den Tisch.

Er sprach weiter, und ich hörte weiter zu, aber ich war auf eine Art beunruhigt, die ich nicht erklären konnte, und noch stärker beunruhigt war ich, als er sein Besteck immer näher zur Zigarettenschachtel hinschob, näher und näher in Richtung auf die Tischkante an meiner Seite. Dann lehnte er sich selbst ganz über den Tisch und machte eine bestimmte Bemerkung, die ich kaum begriff, denn ich fühlte mich immer unbehaglicher.

Schließlich hatte er Mitleid mit mir und sagte: ›Ich habe dir soeben eine der grundlegenden Tatsachen der Körpersprache demonstriert.‹ Verwirrt fragte ich: ›Und welche war das?‹ …«

Wie sahen wohl die Erklärungen aus, die der Psychiater für seine ›subtile Invasion‹ in ein fremdes Territorium beziehungsweise in ein bereits aufgeteiltes ›Tischrevier‹ gab? Und hätten Sie vielleicht den Mut, das kleine Experiment – möglicherweise in variierter Form – zu wiederholen?

4

ZUSAMMENFASSUNGEN UND GRUNDSÄTZE FÜR EINEN BEWUSSTEN UMGANG MIT KÖRPERSPRACHE (1)

Mit Teil I dieses Buches konnten Sie einige Kenntnisse zur Körpersprache erwerben. Es ist Ihnen bewußter geworden, wie vielfältig dieser Bereich unserer Kommunikation ist und daß er einen ganz entscheidenden Schlüssel zu unserem Verhalten darstellt. Jetzt, zum Abschluß dieser Informationen, lassen sich vielleicht einige Grundsätze dafür angeben, wie Sie mit dem erworbenen Wissen umgehen sollten; gleichzeitig werde ich Ihnen nochmals verdeutlichen, warum Sie nicht erwarten dürfen, ein leicht handhabbares ›Wörterbuch der Körpersprache‹ geliefert zu bekommen.

Sie haben sehr viele Details erfahren und Illustrationen dazu gesehen. Freilich konnte es sich nur um eine kleine Auswahl körpersprachlicher Zeichen handeln. Aber auch diese genauer erläuterten Zeichen sind nicht wie Wörter in einem Wörterbuch zu erlernen. Ihre ›Bedeutung‹ ist oft je nach Situation und Zusammenspiel mit Sprache und mit der übrigen Körpersprache anders. Das habe ich freilich auch bisher schon öfters angedeutet. Es lassen sich jedoch natürlich nicht alle möglichen Zusammenhänge erläutern, in denen ein Zeichen vorkommt und seine Bedeutung dabei jeweils verändert. Deshalb lag der Schwerpunkt dieser Darstellungen auch gar nicht auf der Entschlüsselung einzelner Zeichen oder gar auf der Erstellung eines entsprechenden ›Zeichenlexikons‹. Vielmehr ging es vorrangig um grundlegende und immer anwendbare Unterscheidungen von Zeichenarten sowie um die Bewußtmachung der Funktionen, die die Körpersprache in ihren verschiedenen Bereichen hat.

Sie haben also ganz allgemein brauchbare Zugänge zur Körpersprache gewonnen. So wissen Sie, welche Botschaften Sie jeweils erwarten können und welche nicht: Blicke sind Aufmerksamkeitssignale und Hinweise auf Denk- und Vorstellungsprozesse, Mimik ist für das emotionale Erleben aufschlußreich, Gestik ist stark mit Sprache verknüpft und dem willentlichen Einfluß gut zugänglich, während die körpergerichteten sprachunabhängigen Handbewegungen auf innere Erregungszustände schließen lassen.

Großen Raum haben bei meinen bisherigen Ausführungen immer wieder die Hinweise auf eine ›Glaubwürdigkeitsskala‹ der körpersprachlichen Mitteilungen eingenommen. Damit betonte ich − u. a. mit Morris (vgl. 1978, S. 111 und 1986, S. 246) −, daß das Zusammenspiel der Bereiche immer mitgesehen werden muß. Es gibt gut kontrollierbare und weitgehend oder ganz unbeeinflußbare Bereiche und Bewegungen. So wird man, um die innere Ruhe oder Beunruhigung seines Partners richtig einzuschätzen, immer die ganze Spanne an Signalen im Blick haben: Das gesprochene Wort läßt sich vom Willen her ganz gut lenken (wobei es freilich auch das Wegbleiben der Stimme, den ›Kloß im Hals‹, u. ä. geben kann), und auch die Gesten unterliegen weitgehender Kontrolle. An die Signale dagegen, die Beine und Füße aussenden, denkt der ›Spender‹ kaum – sie sind ja weit weg vom Kopf. Die ›adaptiven‹ Handbewegungen haben wir ebenfalls wenig im Griff, und Rotwerden, Schweißperlen, Trockenwerden des Mundes etc. sind völlig ›autonome‹ Signale; sie sind insofern am glaubwürdigsten.

Die Mimik ist in einer solchen ›Glaubwürdigkeitsskala‹ am schwersten einzuordnen. Natürlich ist sie das Ausdrucksfeld unserer Emotionen und wird von den Kommunikationspartnern vorrangig beachtet. Das Individuum lernt deshalb im Laufe seiner Entwicklung, das eigene mimische Ausdrucksverhalten gezielt zu beherrschen – und u. U. auch, damit zu ›lügen‹. Darüber und über den Erwerb von ›Darstellungsregeln‹, die in einer Familie, einer Gesellschaftsschicht und einer Kultur gelten, wurde wegen der Wichtigkeit dieser oft vernachlässigten Zusammenhänge bereits mehrfach gesprochen. Wir wiesen bezüglich der Mimik auch auf andere Umstände hin, die ihre Deutung sehr erschweren. Der einzelne Gesichtsausdruck kann einerseits eines der grundlegenden menschlichen Gefühle widerspiegeln, andererseits aber auch eine große Zahl von Mischungen. Mit Ellgring (vgl. S. 24 f.) habe ich auf ›Affekt-Überblendungen‹ hingewiesen, die aus positiven und negativen Ausdrücken zusammengesetzt sind, zum Beispiel aus Ärger, dem ein Lächeln beigemischt ist und der dadurch als nicht ernst gemeint verstanden werden muß. Lächeln war im übrigen nicht immer als emotionale Äußerung anzusehen – es konnte auch lediglich ein Konversationssignal sein. Ein schwieriges Forschungsproblem stellten die sehr schnell vorübergehenden Gesichtsausdrucksbewegungen dar. Sie dauern weniger als eine Sekunde, werden bei ihrem

Auftreten gebremst und sofort unter Kontrolle gebracht. Geschulte Beobachter nehmen sie aber trotzdem wahr.

Das hier zusammenfassend Gesagte möchte ich kurz in einem ersten Grundsatz für einen sinnvollen Umgang mit Informationen über die Körpersprache festhalten:

1 *Statt feste Bedeutungszuschreibungen für einzelne körpersprachliche Zeichen anwenden zu wollen, sollte man sie als Hinweise innerhalb eines Gesamteindrucks nehmen. Immer sollte auf das Zusammenspiel verschiedener Bereiche der Körpersprache mit ihren jeweils verschiedenen Funktionen geachtet werden.*

Selbstverständlich ist auch das Zusammenspiel von Sprache und Körpersprache zu beachten: Gibt es hier Unstimmigkeiten, widersprechen sich die Botschaften, die einerseits mit Worten formuliert und andererseits vom Körper gesendet werden? Das gleiche wurde für die Körpersprache selbst immer wieder hervorgehoben: Es ist darauf zu achten, ob beispielsweise bei einer Zuwendung eine Stimmigkeit der Signale von Kopf bis Sohle vorliegt oder Unstimmigkeiten bestehen, etwa zwischen dem Anblicken und einem teilweisen Wegdrehen des Körpers. Einige Beispiele dafür wurden vorab ausführlicher diskutiert.

Der erste Grundsatz ist also noch zu erweitern:

2 *Die Beobachtung muß auch feststellen, ob Stimmigkeit oder Unstimmigkeit zwischen den einzelnen körpersprachlichen Botschaften besteht.*

Bei der Darstellung der Zeichenarten und Bereiche der Körpersprache in Teil I ging es um allgemeine Zugänge zur Körpersprache. Schon dabei hob ich öfters hervor, daß es große individuelle Unterschiede gibt, die bei der Anwendung einzelner Feststellungen einkalkuliert werden müssen. Dies sei nochmals *grundsätzlich* angesprochen. Ein aktuelles Beispiel kann zeigen, wie wir auch im Alltag ständig auf die ›Individuenspezifität des Ausdrucks‹ (Ellgring, S. 20) stoßen.

Der Bundestag erlebte in seiner Gedenkveranstaltung zum 50. Jahrestag der Reichsprogromnacht einen Eklat. Ursache war die Rede des Bundestagspräsidenten. Sie verblieb bei einer analysierenden Darstellung der Geschehnisse. Insbesondere gebrauchte sie in Zitaten und rhetorischen Fragen das menschenverachtende Vokabular von 1938 und verletzte damit die Gefühle der Betroffenen, statt ihnen innere Anteilnahme zu übermitteln. Die Fernsehübertragung vermochte die Beklommenheit, die schon nach wenigen Sätzen bei fast allen Zuhörerinnen und Zuhörern eintrat, hervorragend zu dokumentieren. Sie zeigte, wie Abgeordnete durch Zurufe und heftige Gesten und schließlich durch Verlassen des Plenarsaales ihrem Unmut Luft machten. Noch eindrucksvoller wurde die um sich greifende Verstörtheit aber dadurch verdeutlicht, daß die Kameras auf Einzelpersonen schwenkten, die sich ruhig verhielten. Man sah die jüdische Schauspielerin Ida Ehre, schluckend und mit gesenktem Kopf ihr Gesicht in die linke Hand vergrabend, während der rechte Arm den Körper schützte. Willy Brandt hob mehrmals die rechte Hand und ließ sie wieder schwer aufs Knie fallen. Der Bundespräsident schaute leicht nach rechts unten, hatte den Mund zusammengepreßt und das Kinn gegen den Hals gezogen. Fielen er und einige Personen in seiner Nähe durch ihr Starrwerden auf, so der ebenfalls nahe sitzende Rainer Barzel durch erregtes Umherblicken. Ähnlich könnte man für weitere der gezeigten Personen das Spezifische ihres Ausdrucks in dieser Situation herausstellen. Sicher: es ist nicht anzunehmen, daß bei allen die gleiche Empfindung bestand. Es waren aber von vielen in der Zuhörerschaft relativ ähnliche Probleme zu verarbeiten, und dies wurde in außerordentlich individueller Weise getan.

In unseren privaten Beziehungen sind wir ebenfalls ständig mit der Individuenspezifität des Ausdrucksverhaltens befaßt, ja erleben sie sogar als wichtiges Element unserer gegenseitigen Verbundenheit. Freilich fallen uns bei den uns vertrauten Menschen oft die entscheidenden Elemente gar nicht als Einzelheiten auf: »Die individuenspezifischen Indikatoren werden ... vom Empfänger zu einem Gesamteindruck zusammengefaßt, ohne daß er den spezifischen Indikator nennen könnte, der zu seinem Eindruck geführt hat.« (Ebd.) Ellring betont, daß sich durch diese Tatsache im Verhalten Individualität manifestiert und von den Partnern gut verstanden werden kann. Dadurch wird aber der gemeinsame Umgang in Beziehungen zu einem Lernprozeß, der die jeweilige Körpersprache deuten hilft: »Die Signale einer Person, die man bereits längere Zeit kennt, geben einem differenziertere Informationen als die eines Unbekannten. Insofern stellt nonverbale Kommunikation eine Form der Verständigung dar, deren Effizienz sehr stark an die Art und Intensität vorheriger Interaktion gekoppelt ist. Wenn man eine Person in sehr unterschiedlichen Situationen kennengelernt hat, zum Beispiel unter Belastung und Entspannung, so kann man differenzierter ihre Signale der Anspannung erkennen, als wenn man sie nur unter gleichförmigen Bedingungen erlebt hat.« (Ebd.) Ein Beispiel dafür könnte sein, daß jemand sehr leicht rote Flecken am Hals bekommt. Dieses (von Humanbiologen mit Fluchtverhalten in Zusammenhang gebrachte)

Signal wäre dann etwa in einer Prüfungssituation kein besonders bedrohliches Anzeichen. Es könnte sich aber auch um einen Fall handeln, wo diese Flecken selten und nur unter äußerster Belastung auftreten – dann wären sie auch ganz anders zu interpretieren. Ellring (ebd.) zielt in einem Beispiel auf die einzelnen Bereiche der Körpersprache, die jeweils individuell verschieden akzentuiert sein können: »So werden selten sämtliche mögliche Verhaltensweisen eingesetzt, um etwa die augenblickliche gehobene oder gedrückte Stimmung zu vermitteln. Eine Person zeigt dies in ihrer Mimik, eine andere in ihrer Gestik, eine dritte in der Stimme.« Solch individuenspezifischer Signalgebrauch macht für Ellring »auch plausibel, daß man kaum ein allgemeingültiges ›Lexikon der Körpersprache‹ wird erstellen können«. Ich will versuchen, diese Überlegungen zu einem dritten Grundsatz zusammenzufassen:

3 *Miteinander vertraute Menschen verstehen besser als Außenstehende, was ihr jeweiliges körpersprachliches Verhalten bedeutet. Individuenspezifität des Ausdrucksverhaltens heißt, daß einzelne Personen eine für sie typische Auswahl an körpersprachlichen Mitteln einsetzen; an ihr scheitert ein allgemeingültiges ›Lexikon der Körpersprache‹.*

Vielleicht haben Ihnen die bisherigen Kapitel und insbesondere die dazugehörigen kleinen Übungen zu mehr als rein theoretischem Wissen verholfen. Ich beabsichtige jedenfalls, Sie auch immer wieder zu ermutigen, mit den vermittelten Begriffen zu arbeiten. Sie sollen Ihnen helfen, die vielfältige Welt der Körpersprache gezielter zu beobachten und Ihre Wahrnehmungsfähigkeit sich selbst und anderen gegenüber zu steigern. Ein wirklicher Erfolg – für Sie wie für mich als

Autor – wäre es, wenn Sie inzwischen Spaß daran gefunden hätten, Ausdrucksformen, die Ihnen im Alltag begegnen, bewußt nachzuempfinden und aus dieser Empfindung heraus zu verstehen. Es macht ja ein Stück unserer Lebendigkeit aus, zu spüren, daß mit dem Wechsel unserer Körperbewegungen auch Stimmungen und Gefühle kommen und gehen, ja in einem gewissen Umfang sogar gezielt verändert werden können. Ein Beispiel dafür boten kleine Experimente in einem Fernsehauftritt von Samy Molcho, auf den ich mich bereits einmal bezogen habe (vgl. S. 86 f.). Die Zuschauer wurden aufgefordert, bestimmte Mienen zu machen und dabei in eine Richtung zu fühlen und zu denken, die keineswegs dazu paßte. Und die Leute im Auditorium erlebten: es ging nicht! Abb. 24 zeigt diesen Widerspruch – Sie können ihn leicht nachvollziehen und dabei die Verbindung unserer Körpersprache mit unserem Empfinden und Denken spüren.

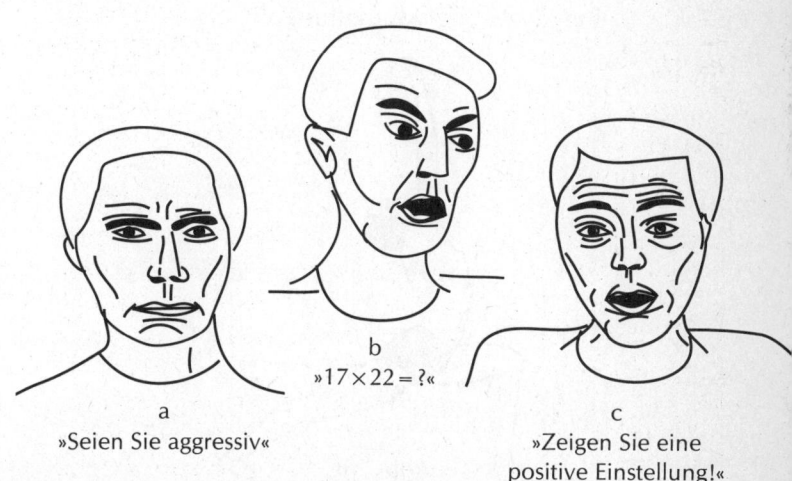

a
»Seien Sie aggressiv«

b
»17 × 22 = ?«

c
»Zeigen Sie eine
positive Einstellung!«

Abb. 24

Aggressiv sein wollen und sich dabei nach außen für alle Informationen öffnen – das gelingt nicht (a). Sie können auch nicht vor Erstaunen mit offenem Mund dastehen und gleichzeitig eine schwierige Aufgabe lösen (b). Und so wenig wie Molchos Zuschauerinnen und Zuschauer werden Sie seiner Aufforderung zu folgen vermögen, positiv über das Leben zu denken, wenn Sie derart verbissen schauen (c).

Lassen Sie mich dieses Spiel noch etwas weiterführen! Sport, Gymnastik oder intensive körperliche Übungen aus fremden Kulturen haben auch sehr oft den Effekt, uns Ausdrucksmöglichkeiten für Gefühle und Einstellungen zu geben – oder unsere Emotionen in bestimmte Richtungen zu lenken. Es ist also sicher neben der gesundheitlichen Wirkung die psychische, die uns zu geregelter Arbeit am Körper bringt. Die über 600 Haltungen des Yoga zum Beispiel beziehen sich vielfach schon von den Bezeichnungen her auch auf Gefühlszustände, die sie unterstützen können. So zeigt Abb. 25 eine klassische ›Muthaltung‹:

Abb. 25

Nach einem Helden benannte Yogaübung

Zum bewußten Umgang mit Körpersprache gehört es also, den inneren Vorgängen nachzuspüren, die mit Ausdruckshandlungen und kommunikativem Verhalten des Alltags, aber auch mit speziellen Körperübungen verbunden sind. In beiden Fällen gewinnen wir damit wesentliche Zugänge zur Deutung von Haltungen und Bewegungen.

Eine effektive Hilfe bei der Bemühung um solches Einfühlen und Nachspüren bietet der Wortschatz unserer Sprache. Vielleicht ist Ihnen schon in diesem Buch aufgefallen, daß ich bei vielen Beschreibungen bewußt solche sprachlichen Ausdrücke verwende (manchmal in Anführungszeichen), die Körperbewegungen festhalten und gleichzeitig damit für übertragene Bedeutungen und seelische Vorgänge stehen. Es kann aber auch jeder für sich selbst leicht genug Beispiele für diese Erscheinung finden:

- Jemand brüstet sich
- Es sticht uns in der Nase
- Er bot ihm die Stirn/hatte die Stirn
- Man macht einem den Mund wäßrig
- Ich atme auf
- Sie zeigt ihm die kalte Schulter
- Es hat ihm die Kehle zugeschnürt
- Luft ablassen
- Achselzuckend

Die Beispiele ließen sich sehr stark ausweiten. So könnte ich auf eine bereits 1899 von Wigand herausgegebene ›Sammlung und Betrachtung der dem menschlichen Körper entlehnten sprichwörtlichen Ausdrücke und Redensarten‹ verweisen! Doch geht es hier ja nur um die Vertiefung meiner Aufforderung, sich in körpersprachliches Verhalten einzufühlen – eben auch dadurch, daß wir entsprechende Wendungen unserer

Sprache als gespeichertes Wissen über das Zusammen-spiel unseres Inneren mit dem äußeren Ausdruck er-leben.

Es ist sicher sinnvoll, wenn Pädagogen schon mit Schülern in dieser Richtung arbeiten. Auch für den Er-wachsenen, der lernen will, Körpersprache bewußter wahrzunehmen, ist die Methode interessant und nach-vollziehbar. So wird im Unterricht durch Spiele und Pantomimen emotional erfahrbar gemacht, daß unser Vokabular zum Ausdruck von Gefühlen oft von einer präzisen Beobachtung der Körpersprache ausgeht. Durch Spielen von Wendungen wie *den Kopf hochtra-gen; mit Stolz (vgl. die Verwandtschaft mit ›Stolzieren/ Stelzen‹); die Spucke bleibt einem weg; die Angst im Nacken* wird auch deutlich, welche Körperbereiche unsere Sprache für das Affektive heranzieht (vgl. Wort-mann; Schober).

Es läßt sich jetzt ein weiterer Grundsatz aufstellen:

4 *Zur Schulung des Beschreibens und Deutens von körpersprachlichem Verhalten sollte man immer wie-der nachempfinden, wie bestimmte Mienen und Hal-tungen bestimmte Gefühle und Denkweisen begleiten und andere blockieren. Unsere Fähigkeiten zur Wahr-nehmung und Beschreibung werden auch dadurch wei-terentwickelt, daß wir auf sprachliche Wendungen ach-ten, die innere Vorgänge und kommunikative Prozesse mit Hilfe der ihnen entsprechenden Körpersprache be-nennen.*

Sie haben nun vier Grundsätze für die Beobachtung, Beschreibung und Deutung von Körpersprache ken-nengelernt. Sie sind sicher nützlich, wenn es darum geht, einzelnen Körperbewegungen nicht vorschnell Bedeutungen zuzuschreiben. Und sie fordern dazu auf, die eigene Wahrnehmungsfähigkeit für ein Feld zu steigern, das im Zusammenleben der Menschen äußerst wichtig ist. Allerdings sprechen auch diese Grundsätze einen wichtigen Umstand noch nicht an, der ebenfalls zur Vorsicht veranlassen muß. Nämlich den Umstand, daß wir ja selbst Faktoren innerhalb der Kommunikationsprozesse sind, die wir beobachten. Wir müßten deshalb noch Fragen stellen wie: Ist die verschlossene Haltung des anderen vielleicht das Ergebnis meiner Zudringlichkeit, mit der ich ihn belaste oder sogar verletze? Ist eine bestimmte Person wirklich immer gesprächsfreudig und lebhaft oder nur bei bestimmten Partnern? Habe ich es mit einem mißtrauischen Menschen zu tun oder wurde durch mich berechtigtes Mißtrauen ausgelöst? Wer hat hier eigentlich die provozierenden Verhaltensweisen? Usw. Es geht also jetzt darum, mehr zu tun, als ›objektive‹ Schlüssel zum Verhalten der anderen anzuwenden oder aus der Distanz heraus ›man-watching‹ (Menschenbeobachtung) und ›body-watching‹ (Körperbeobachtung) — so die Originaltitel von bereits zitierten Büchern von Morris — zu betreiben. Wir müssen die Wechselwirkungen sehen lernen, die zwischen unserem Körpersprachverhalten und dem unserer Partner bestehen. Dazu möchte ich jetzt am Schluß von Teil I dieses Buches einiges nochmals aufgreifen und verdeutlichen, was bereits in früheren Darlegungen und auch in Übungen eine Rolle spielte.

Das eben angeschnittene Problem hat viel mit dem sogenannten ›Pygmalioneffekt‹ zu tun. Diese Erscheinung wurde von dem amerikanischen Psychologen Rosenthal (vgl. Rosenthal/Jakobson) untersucht; seine Thesen dazu regten in den siebziger Jahren auch in der Bundesrepublik eine heftige Diskussion über die Behandlung von Schülern durch Lehrer an. Der Name

Pygmalion erinnert natürlich an eine Gestalt der Sage, und zwar an den König von Zypern. Er verliebte sich in eine von ihm selbst gefertigte Statue einer Jungfrau. Die Liebesgöttin Aphrodite belebte sie auf seine Bitten, und er nahm sie zur Gemahlin. So wie es bei dieser Sage um die Vorstellung geht, die ein Mann von der ›idealen‹ Frau hat, so geht es beim Pygmalioneffekt der Psychologie um die Vorstellung, die ein Lehrer von einem Schüler hat. Diese wirkt sich dann derartig auf sein Handeln aus, daß der Lehrer dem Schüler wirklich danach gegenübertritt. Wie lief nun Rosenthals Experiment ab?

Grundschullehrern wurde von den Psychologen gesagt, daß 20% ihrer Schüler in einem zuverlässigen Intelligenztest so gut abgeschnitten hätten, daß sie ganz sicher große Lernfortschritte machen würden. Die Namen dieser ausgewählten Schüler wurden den Lehrern mitgeteilt. Nach acht Monaten Unterricht konnte die Vorhersage durch die Wiederholung des Tests bestätigt werden. Allerdings war für dieses Ergebnis nicht die Intelligenz dieser Schüler die Ursache. Die Lehrer hatten lediglich an die Vorhersage vom größeren Lernfortschritt geglaubt – in Wirklichkeit handelte es sich um ganz durchschnittliche Schülergruppen. Daß sie gegenüber Vergleichsgruppen trotzdem deutlich besser abschnitten, muß so erklärt werden: die in sie gesetzten positiven Erwartungen führten zu einem günstigen Lehrerverhalten (mehr Aufmerksamkeit, Vertrauen etc.), dem dann die Fortschritte der Schüler zu verdanken waren. Dieser Pygmalioneffekt wird im wesentlichen durch körpersprachliche Signale (einschließlich des lautlichen Verhaltens) ausgelöst. Die Schüler erfuhren Zuwendung, Ermutigung und positive Verstärkung, u. a. durch freundliche Stimme, Zulächeln, Anschauen und Zunicken. Bei Schwierigkeiten zeigten die Lehrer auch größere Geduld und vermieden Verunsicherungen durch Tadel.

So wie hier die Lehrer aufgrund ihrer Einstellung bei ihren Schülern viel Positives sahen und dieses förderten, während sie Negativem gegenüber gelassen blieben, können wir auch in unserem Alltag bei den Menschen eher mit einem erfreulichen Echo rechnen, denen wir wohlgesonnen begegnen. Viele kennen aber auch das Umgekehrte aus Erfahrung. Wir haben ein negatives Vorurteil gegen jemanden – halten ihn für aufbrausend, mißtrauisch, überheblich oder ähnliches. Im Umgang mit ihm nehmen wir vornehmlich die in die jeweilige Richtung zeigenden Züge wahr und verstärken sie noch durch unser eigenes Verhalten. Dadurch scheint dann unsere Auffassung erst recht bestätigt, obwohl zum Beispiel die von uns unterstellte Arroganz in Wirklichkeit reine Hilflosigkeit im gesellschaftlichen Umgang sein mag. Es gilt also, vor falschen Interpretationen auch deswegen auf der Hut zu sein, weil wir aus Einstellungen und natürlich auch aus wechselnden Stimmungen heraus körpersprachliches Verhalten gerne falsch bewerten und oft auch gar nicht bemerken, daß es der Spiegel unseres eigenen Fehlverhaltens sein kann. Gerade die Kenntnisse, die ich in Teil I dieses Buches vermittelte, erklären solche Zusammenhänge. Es wurde ja immer wieder deutlich, daß wir mit körpersprachlichen Signalen Gefühle unserer Partner wecken und ihre Reaktionen mitsteuern. U. a. mit Frey haben wir gesehen, wie nichtsprachliches Verhalten weit mehr ist als die Begleiterscheinung bestehender Beziehungen und vielleicht gerade akuter Konflikte. Ich will Ihnen diese Sichtweise nochmals durch ein Zitat ins Gedächtnis rufen: »Das nonverbale Verhalten greift direkt und mit enormer Wirkung in eine Auseinandersetzung ein und kann den Kontrahenten sowohl

›entwaffnen‹ als auch erst recht ›in Harnisch bringen‹. Gerade für die Ausgestaltung der persönlichen Beziehungen ist die Körpersprache denn auch ein weit gewichtigeres Medium als die Lautsprache: unser nonverbales Verhalten trifft den anderen gewissermaßen direkt im Nerv. Es wirkt dadurch oft viel nachhaltiger als ein Schimpfwort und trägt andererseits oft weit mehr zu einer Versöhnung bei, als eine noch so gut formulierte verbale Entschuldigung.« (S. 65 f.)

Auch diese Überlegungen möchte ich noch in unsere Grundsätze einbeziehen:

5 *Das aktuelle nichtsprachliche Verhalten einer Person steht oft in Wechselwirkung mit den Verhaltensweisen ihrer Partnerperson(en). Beschreibt und beurteilt man also die Körpersprache einer Partnerin oder eines Partners, so muß man auch in Erwägung ziehen, inwieweit sie ganz oder teilweise eine Reaktion auf das eigene Verhalten ist.*

II

KÖRPERSPRACHE IN SITUATIONEN UND BEZIEHUNGEN

1

KÖRPERSPRACHE

UND

BERUF

Rolle der Körpersprache im Berufsleben

Die große Bedeutung, die der Körpersprache im Beruf zukommt, hat dazu geführt, daß von Fachleuten entsprechende Schulungen angeboten werden. Diese stoßen auf reges Interesse. Auch Samy Molcho, den ich mehrfach wegen seiner künstlerischen Laufbahn als Pantomime und wegen seiner populären Fernsehauftritte zum Thema Körpersprache erwähnt habe, hält in Wien Seminare zur außersprachlichen Kommunikation ab. Für die Bundesrepublik ist Horst Rückle mit seinen Körperspracheseminaren führend. Ein von ihm produziertes Videoband zum Verstehen und Deuten der Körpersprache ist sehr gut geeignet, um sich die Rolle der Körpersprache im Beruf einmal anschaulich vor Augen zu führen.

Hier der Inhalt einiger der vorgestellten Szenen:

■ Ein Zollbeamter an der Grenze achtet auf Bewegungen wie Händereiben und Schulterzucken sowie den berüchtigten ›Kloß im Hals‹, um zu sehen, ob jemand etwas zu verbergen hat.

- Ein Personalchef einer vertriebsorientierten Firma achtet bei den Bewerbern auf Hinweise, die sicheres Auftreten im Geschäftsleben versprechen.
- Ein anderer Personalchef ist im Bewerbungsgespräch Unklarheiten auf der Spur, die sich durch Körpersignale ankündigen. So zeigen bei der Bewerberin mit den Händen gebildete Barrieren, daß sie etwas zurückzuhalten scheint, während beim Fragenden hochgezogene Augenbrauen besondere Aufmerksamkeit erkennen lassen und später der gesenkte Kopf seine Angriffslust. Spreizen und Ineinandergreifen der Hände, Hin- und Herhuschen der Augen, Schnellerwerden der Atmung zeigen Spannung und Streß an, gemeinsames Lachen die Entspannung der Situation.
- In einem schwierigen Verkaufsgespräch läuft ein körpersprachliches Wechselspiel ab. Der innerlich angespannte Verkäufer übt mit ausgestrecktem Zeigefinger (Angriffsgeste) Druck aus und verrät mit dem Zusammen- und Auseinandernehmen der Hände seine Ungeduld. Doch den Käufer läßt das, was er hört und sieht, regelrecht wegzucken. So muß sich der Verkäufer hinter verschränkten Armen oder mit dem Ordnen seiner Papiere sammeln, um eine überzeugende Idee zu finden. Als er sie hat und Möglichkeiten eines neuen Zugangs sieht, reibt er sich genüßlich die Hände und kann bald an den hochgezogenen Augenbrauen und dem leicht geöffneten Mund sehen, daß sein Vorschlag beim Käufer wirkt. Dieser zeigt mit dem Drehen des Stiftes, daß er das Unterschreiben des Vertrages erwägt; schließlich stellt er den Stift auf und drückt damit aus, daß er ›auf den Punkt kommen‹ möchte. Der Verkäufer erkennt, daß sein Partner abschlußbereit ist, und erhält nach einigen Bitten den Auftrag.

- Zwei um eine gehobene Position im Betrieb konkurrierende Arbeitskollegen, die im gleichen Büro sitzen, beginnen in der Form einer kollegialen Plauderei bereits ihren Kampf um den beruflichen Aufstieg. Blickkontakte werden eigentlich nur noch aufgenommen, wenn verbale Hiebe und Verteidigungen erfolgen, und Lächeln besagt nur, daß man Gesprächskontakt aufnehmen oder das eigene Getroffensein überdecken will. Der Angreifer streckt in seiner Selbstsicherheit die Beine demonstrativ aus und legt sie sogar auf den Schreibtisch. Der Arbeitskollege empfindet dies als Ankündigung des Raum- und Aufstiegsanspruchs und weist es zu Recht zurück.
- Als letztes Beispiel dieser Videofilmszenen zu Körpersprache und Beruf ein Gespräch zwischen Chef und Angestelltem, der wegen eines Fehlers befragt wird. Der Angestellte sucht diese Situation ausweichend zu meistern; dabei hätte er aus den Bewegungen des Unwillens beim Chef erkennen können, daß nur ein Eingeständnis sinnvoll gewesen wäre.

Weitere Beispiele für Situationen, wo es im Berufsleben lohnend, ja notwendig ist, auf nichtsprachliche Zeichen zu achten, ließen sich leicht finden. Man könnte auch nach den jeweiligen Problemen suchen, die die verschiedenen Berufsgruppen diesbezüglich zu meistern haben. Weiterhin spielt körpersprachliches Verhalten in der Zusammenarbeit der Kollegenschaft, in der Regulierung von Abhängigkeiten und im beruflichen Umgang mit Menschen (meist mit den ›Abnehmern‹ von Dienstleistungen) eine Schlüsselrolle. Das konnte hier nur angedeutet werden. Zu diskutieren ist jetzt aber, ob Körpersprachtraining die beruflichen Chancen des einzelnen verbessern und den Berufsalltag erleichtern kann.

Führt Training zum ›Tausendfüßler-Syndrom‹?

Wenn von einer Beschäftigung mit Körpersprache die Rede ist und praktische Zielsetzungen damit verbunden werden, hört man meist sofort Einwände wie: Kann man Körpersprache denn überhaupt lehren und lernen? Wenn man sie bewußt einsetzen will: wird sie dann nicht verkrampft und unecht? Stören das Wissen über die Körpersprache und die auf sie gerichtete Aufmerksamkeit nicht die natürlichen Kommunikationsabläufe und den persönlich geprägten Kontakt? Geht nicht unsere Spontaneität verloren, ist die Bewußtmachung so natürlicher Äußerungen nicht irritierend? Diese Fragen sind sicher sinnvoll; sie wurden in diesem Buch ja auch schon aufgeworfen und werden auch weiterhin immer wieder Gegenstand der Überlegungen sein. Jetzt, im Zusammenhang von Körperspracheseminaren mit berufsspezifischen Absichten, muß dazu zunächst unbedingt das Selbstverständnis von Seminarleitern wie Samy Molcho und Horst Rückle geklärt werden. Diese wollen keinesfalls ein Training im engen Sinne des Wortes, ja sie warnen nachdrücklich davor, Rezepte zu benutzen und bestimmte Bewegungen und Haltungen nachzuahmen. »Ich halte es nicht für hilfreich«, sagt Horst Rückle dem Betrachter seines Videofilms, »wenn Sie sich selber bewußt kontrollieren und nur noch Bewegungen zeigen, die Sie, vom Verstand abgespeichert, reproduzieren. Das würde sehr mechanistisch, und ich denke, Sie würden sich dabei auch nicht wohl fühlen können.«

Was hier gesagt wird, läßt sich mit Hilfe des englischen Wortes ›self-consciousness‹ vertiefen. Wörtlich übersetzt heißt es ›Selbstbewußtheit‹, aber im Sinne von ›Selbstbefangenheit‹. Jemand, der ›self-conscious‹ ist, wirkt scheu und verunsichert, gerade, weil er sich gedanklich so kontrolliert, daß spontane Bewegungen zum Problem werden. Gerne benutzt man für diese Erscheinung auch das Bild des Tausendfüßlers, den man bittet, alle seine Beine in vollem Bewußtsein zu bewegen – und der dann zu keinem natürlichen Schritt mehr fähig ist. Dieses ›Tausendfüßler-Syndrom‹ ist also zu vermeiden. Wie aber ist positiv zu bestimmen, was in einem Körperspracheseminar gemacht wird?

Sicher dient ein Großteil der Arbeit der Interpretation des Körperverhaltens von Adressaten (Arbeitskollegen; Vorgesetzten beziehungsweise Mitarbeitern; Kunden des Verkäufers usw.). Aber auch hier stellt sich rasch die aufgeworfene Frage zum Problem des bewußten Einsatzes von Körpersprache. Auszugehen ist ja von einer Wechselwirkung, die zwischen den Partnern besteht. Gerade sie verbietet aber eine Manipulation der eigenen Körpersprache, weil Irritationen die Folge wären. Rückle gibt deshalb eine Empfehlung: »Sie können beispielsweise in Gesprächen mit Menschen, die Sie mögen, zu denen Sie Vertrauen haben, einfach soviel Pause zwischen Ihre jeweilige Aussage und Ihre Folgeaussage legen, daß Sie noch Gelegenheit haben, die Reaktion Ihres Partners zu beobachten, und aus dieser Reaktion könnten Sie Schlüsse ziehen, wie Sie gewirkt haben. So wird Ihr Gesprächspartner zu Ihrem Spiegel...« (Ebd.) Das ist viel umfassender gesehen als alle Versuche, zur Nachahmung von Vorbildern oder zur Anwendung von Rezepten anzuleiten. Statt kurzfristig einen Erfolg erreichen zu wollen, geht es darum, mit der Beachtung eigener und fremder Körpersprache sensibel für Reaktionen in der Kommunikation zu werden und Verhaltensweisen langfristig zu verändern. In diesem Sinne darf dann durchaus von einem bewußten Umgang mit dem nichtverbalen Verhalten gesprochen werden, der das gegenseitige Verstehen fördert.

Ein Beispiel berufsbezogener Schulung

Für den Beruf des Lehrers liegen Trainingsprogramme zur Körpersprache vor, die in ihrer Anwendung besonders gründlich kontrolliert wurden. Deswegen werde ich zur Weiterführung meiner Überlegungen auf sie zurückgreifen. Sie eignen sich zudem deswegen gut als Beispiele, weil die Tätigkeit des Lehrers eng mit vielen unserer alltäglichen Handlungen verbunden ist. Er muß Kontakt aufnehmen, vor größeren Gruppen sprechen, für seinen Unterrichtsstoff interessieren und zur Arbeit motivieren, zu sozialem Verhalten anleiten, mit Gefühlen und Konflikten umgehen können usw. Man weiß, daß er dabei vielfach ausschließlich mit außersprachlichen Mitteln arbeitet und daß auch während der sprachlichen Vermittlung die Körpersprache entscheidend mitwirkt. An dieser Stelle sei nochmals an den ›Pygmalioneffekt‹ erinnert (siehe S. 113 f.). Wenn in dem entsprechenden Versuch Lehrer gerade die Schüler zu ungewöhnlichen Leistungssteigerungen brachten, von denen sie annahmen, es läge besonders hohe Intelligenz vor, so deswegen, weil sie ihnen nicht zuletzt mit ihrem Körperverhalten beim Lernen halfen. Welche körperbezogenen Verhaltensweisen sind es aber im einzelnen, die die Lehrer brauchen, und wie kann man sie schulen?

Sie haben bisher in verschiedenen Zusammenhängen körpersprachliche Barrieren kennengelernt. Diese stellen beim Lehrer natürlich ein ganz besonderes Problem dar, denn zu seinen Aufgaben gehört es, möglichst reibungslos Informationen zu übermitteln. Ein Training muß deshalb schon auf kleinste Sperren aufmerksam machen, die sich in die Beziehung zwischen Lehrer und Schülern einschleichen und die korrigiert werden müssen. Ein Barrieresignal wie das Verschanzen hinter dem Lehrertisch ist offensichtlich; um jedoch ›Beziehungssperren‹ und ›Verteidigungspositionen‹ zu erkennen, die den Informationsfluß stören, sind schon gute Kenntnisse über Formen und Wirkungen der Körpersprache notwendig.

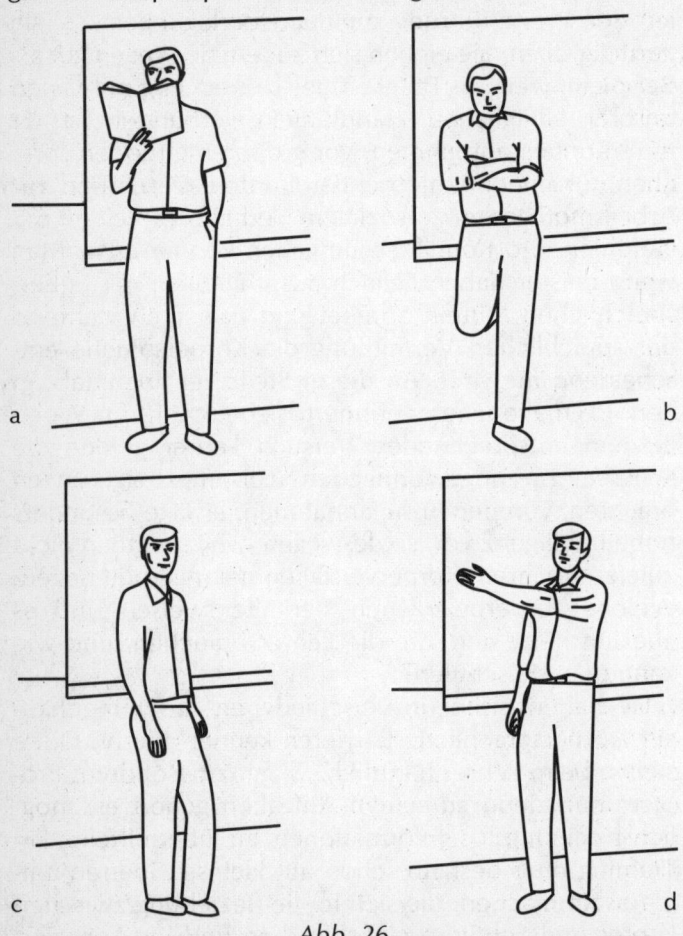

Abb. 26
›Beziehungssperren‹ und ›Verteidigungspositionen‹

Die Bildbeispiele (nach einem Trainingsprogramm von Heidemann) beziehen sich auf Körperstellungen und Gesten vor der Klasse. Die hier in Abb. 26 gezeigten erlauben weder wirkungsvolles Verhalten noch optimale Informationsübertragung. Es wird wohl Kontakt mit den Schülern angestrebt, doch mischen sich Gesten der Zuwendung mit Verdeckungsgesten, die Unsicherheiten verraten. Das Buch (a) wird zum Schutz – es müßte aber so gehalten werden, daß voller Kontakt mit der Klasse erhalten bleibt. Daß die gekreuzten Arme (b) die Funktion der Abschirmung und Verteidigung haben können, ist Ihnen schon geläufig; hier wird dieser Eindruck noch dadurch verstärkt, daß Oberkörper und Bein Halt an der Rückwand suchen. Es ist das Gegenteil eines Zugehens auf die Schüler: auch der Kopf ist gesenkt (vgl. Heidemann, S. 91). Eine Beziehungssperre ist auch der Blick über die Schulter (c), denn die Schüler erwarten eine Zuwendung, bei der die *ganze* Körperbreite sichtbar ist. Ähnlich wirkt das Aufrufen (d): es erfolgt mit dem ›falschen‹ Arm, nämlich über Kreuz und schiebt mit Schulter und Ellbogen eine Barriere zwischen Lehrer und Klasse.

So, wie hier Fehler benannt werden können, lassen sich auch Formen der Haltung und Gestik zeigen, die es erleichtern, positiv mit einer Klasse Kontakt aufzunehmen. Wie schon indirekt angesprochen, müßten volle Zuwendungen erfolgen; beim Aufrufen möchten die Schüler die offene Handfläche sehen, usw. Aber ist das nicht wieder eine Formulierung von Rezepten, die doch auf ein mechanistisches und damit unechtes Körperverhalten hinausläuft? Ein solcher Vorwurf wäre vor allem deshalb leicht abzuwehren, weil es keineswegs um persönlichkeitsverändernde Eingriffe geht. Ziel solcher Analysen und anschließenden Einübungen besserer Verhaltensformen ist die Ausbildung von Berufsqualifikationen. Es gehört zum Verhaltensrepertoire des Lehrers, die Körpersprache im Rahmen seiner Aufgaben wirkungsvoll einzusetzen (vgl. ebd., S. 79 und 88 ff.). Sicher muß ein entsprechendes Training damit einhergehen, daß sich der Lehrerstudent oder der Lehrer in der Aus- oder Fortbildung seine Berufsaufgaben umfassend bewußt macht und die richtige Einstellung zu ihnen findet. Vor allem ist das Erleben der Beziehung zu den Schülern wichtig. Zur Ausgestaltung einer positiven Beziehung gehört aber die Verbesserung der Selbstwahrnehmung und die Bereitschaft, die Reaktionen der Schüler in ihrer Abhängigkeit vom eigenen Verhalten zu erkennen.

Wie Körperstellung und Gestik, so hat auch der Blickkontakt große berufsspezifische Bedeutung. Und wieder stellt sich die Frage: ist er beeinflußbar, kann ein wirkungsvoller Einsatz im Unterricht durch Analyse und Übung gefördert werden? Heidemann, dessen Trainingsvorschlägen ich hier weiter folge, hebt den Blick besonders hervor, weil über ihn »erste persönliche Kontakte zu den Schülern aufgenommen werden und mit großer Intensität soziale Ein- und Wertschätzung, persönliche Zuneigung und Feindseligkeit signalisiert werden. Man kann jemanden mit blitzenden, warmen, bestimmten, funkelnden, strahlenden, eisigen Augen ansehen, man kann jemanden anstarren, mit den Blicken festnageln und durch Niederschlagen der Augen Unsicherheit als eine Art Demutsgebärde zu erkennen geben. Passive Dominanz ebenso wie passive Unterlegenheit lösen übertriebenes Wegblicken aus.« (Ebd. S. 74 ff.) Das Training zielt nun nicht auf Veränderungen individueller Eigenheiten, sondern auf die Bewältigung typischer Berufssituationen.

Beim Lehrer – und bei vielen anderen, die vor Gruppen sprechen müssen – beginnt das Problem mit dem

Blickkontakt schon beim Betreten des Raumes und beim Beginn des Vortrags: viele Augenpaare richten sich auf ihn, und er mag sich durch sie verunsichert fühlen. Er darf aber, so sehr er zumindest als Anfänger auch dazu neigt, nicht auf Dauer wegsehen, denn jeder einzelne Schüler möchte ihn als Partner erleben: »Blickt er nicht gelegentlich auf das Publikum, dann fühlt es sich von ihm ignoriert. Entweder überträgt sich die Nervosität auf die Gruppe, oder der fehlende Blickkontakt wird als vermeintliche Arroganz des Redners falsch ›entschlüsselt‹. Er bleibt vor der Gruppe abgelöst und kommt weder als Person noch mit seinen Ausführungen ›an‹.« (Ebd., S. 75.) Aufgrund dieses Befundes schlägt Heidemann folgendes Verhalten vor, in das er auch schrittweise einüben will (ebd., vgl. S. 76 ff.): Der Lehrer soll durch passende Aufstellung und einen Abstand von normalerweise zwei Metern die ganze Gruppe ins Blickfeld nehmen. Die Verpflichtung, alle anzusehen, darf aber nicht zu einem nervösen ›Scheibenwischerblick‹ führen, der von einer Ecke des Raums zur anderen geht, ohne wirkliche Kontakte einzuleiten. Der Lehrer soll vielmehr einen Schüler oder eine kleine Gruppe von Schülern intensiver anschauen und von da aus zu einer Kontaktaufnahme mit der Klasse insgesamt kommen. Natürlich wird er den Anfang bei positiv eingestellten Schülern machen und von da aus versuchen, daß sich auch die anderen zunehmend angesprochen fühlen. Das Training für solchen Einsatz des Blickkontaktes verhilft dem Lehrer zu ›individueller Personenwahrnehmung des Schülers‹, und er und die Klasse erleben dadurch mehr Verbundenheit. Auch das Lächeln, das Sie bereits im ersten Teil dieses Buches in der Funktion des Kontaktsignals kennengelernt haben, bezieht Heidemann in seine Empfehlungen ein, nicht zuletzt wegen seiner ›ansteckenden‹ Wirkung: »Wenn

Sie jemanden in der Gruppe freundlich anlächeln, kann es sein, daß ein anderer Schüler aus der unmittelbaren Umgebung zurücklächelt.« (S. 77.)

Ein ähnliches Problem wie bei der Aufnahme von Blickkontakten vor dem Reden stellt sich im Unterricht oft in den Momenten, wo der Lehrer intensiver nachdenken muß. Sie wissen ja ebenfalls aus Teil I, daß starke kognitive Belastungen mit Blickabwendung verbunden sind. Der Lehrer sollte sich dieser Vorgänge bewußt sein und beachten, daß er nicht zu lange in Gedanken versunken bleiben darf beziehungsweise wieder zu klaren Blickzuwendungen zurückfinden muß. Schließlich ist noch eine letzte Ihnen schon bekannte Tatsache des Blickverhaltens für die berufliche Situation des Lehrers auszuwerten, nämlich daß zu langes Anschauen zum Dominanzsignal und zum ›Drohstarren‹ wird. Von daher ist Heidemanns Hinweis gut verständlich: »Achten Sie ... darauf, daß Sie niemanden von den Schülern zu ... intensiv anschauen. Sie machen ihn dadurch nur unsicher und geben ihm das Gefühl, daß Sie ihn einschüchtern wollen. Das wird zumeist bei dem Angeschauten Aggressionen gegen Sie aufbauen; und dominante Schüler werden sich herausgefordert fühlen zu testen, wer den Blickkontakt länger durchhält.« (Ebd.)

Auch, was den Umgang mit dem persönlichen Raum anlangt, über den im ersten Teil des Buches schon allgemein informiert wurde, kann man berufsbezogene Grundregeln aufstellen und entsprechendes Verhalten einüben. So wird sich gerade der Lehrer davor hüten müssen, die Intimdistanz zu verletzen. Ein gemeinsamer Blick ins Heft u. ä. stellt freilich kein Problem dar; er ist vielmehr in einer solchen Situation funktional begründet, wobei sich beide hier sozusagen als ›Unpersonen‹ empfinden und Gesichtsausdruck und Körperbewegung weitgehend ›einfrieren‹. Bei einem anders motivierten Eindringen in die Distanz unter 60 cm (Heidemann faßt die ›intime Distanz‹ etwas weiter als Hall – vgl. S. 95) wären die Folgen das Zurückweichen des Partners und Schutzbewegungen wie das Entgegenhalten des Handrückens. Erschwert würde eine solche Situation dadurch, daß der Lehrer stehend auf den sitzenden Schüler herunterblickt und seine ›Herrschaftspose‹ noch durch Arm- und Beinhaltungen unterstreicht. (Abb. 27/nach Heidemann [S. 84 f.].)

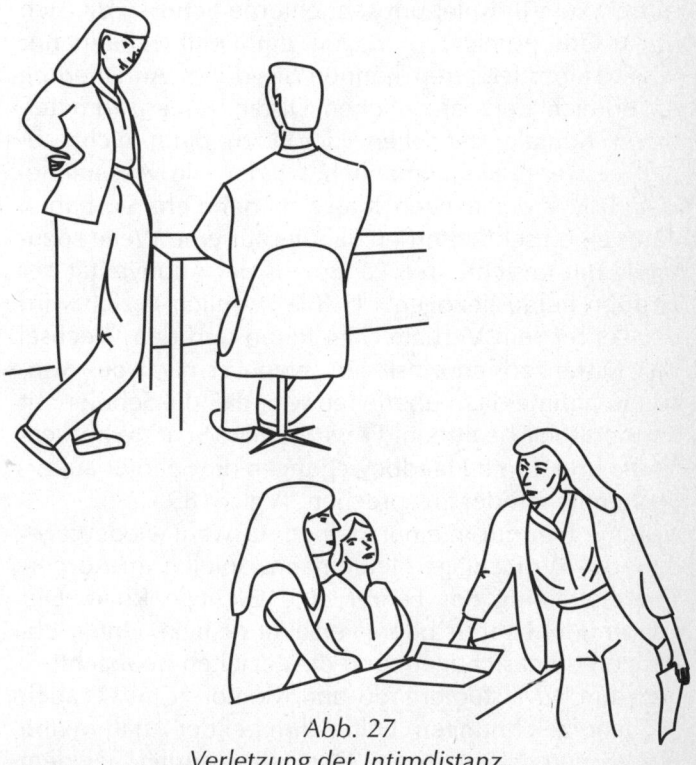

Abb. 27
*Verletzung der Intimdistanz,
verstärkt durch Dominanzhaltungen*

Auch bei der Benutzung der persönlichen Distanz (bei Heidemann etwa 60 cm – 1,50 m) und der sozialen Distanz (etwa 3 – 4 m) erleben Lehrer wie Schüler deren Unterschiede, so, wie sie bereits früher herausgearbeitet wurden (siehe S. 96 f.). Es ist ein wichtiges Trainingsziel, daß der Lehrer die je besonderen Möglichkeiten dieser Distanzen erfährt und wirkungsvoll einsetzt. Um persönlichen Kontakt aufzunehmen, muß er eine Distanz benutzen, in der sich der Partner persönlich gefordert, aber nicht bedrängt fühlt. Handelt es sich zum Beispiel um schüchterne Schüler, die sich in der Gruppe nicht vorwagen, empfiehlt Heidemann: »Gerade bei letzteren können Sie durch Annäherung im Bereich der persönlichen Distanz einen unmittelbaren Kontakt herstellen, der auch dann nicht abbricht, wenn Sie allmählich wieder die Ansprachedistanz vor der ganzen Klasse einnehmen. Sie haben dann einen schüchternen Schüler für eine Weile sozusagen mit unsichtbaren Fäden aus der Anonymität der Gruppe herausgezogen.« (S. 85.) Ähnlich gezielt wird der Lehrer sein Verhalten im Raum und den Wechsel von Distanzzonen einsetzen, wenn er nach der Kontaktaufnahme dazu überleiten will, daß die Schüler mit Partnerarbeit beginnen. Er wird einige Schritte zurücktreten und durch Handbewegungen die Schüler auffordern, miteinander zu sprechen. (Vgl. S. 83.)

Die – hier nur in einer kleinen Auswahl wiedergegebenen – Vorschläge Heidemanns spielen im Körpersprachetraining der Lehrer eine wichtige Rolle. Der Lehrer oder Lehrerstudent versucht sie beim Unterrichten zu berücksichtigen, und die gezielten Beobachtungen durch Mitstudierende und Mentoren (u. U. auch Videoaufzeichnungen) helfen ihm bei der Analyse und bei erneuten Versuchen. Der Schwerpunkt bei dem bisher Gezeigten lag darin, daß der Lehrer lernt, Barrierebildungen zu vermeiden sowie sorgfältig Kontakte aufzubauen. Ein anderes Trainingsprogramm, das von Fitzner, betont dagegen vor allem das Moment, daß der Lehrer in seinem Agieren vor der Klasse, beim Vormachen, Vortragen, Vorlesen usw., große Ausdrucksfreude zeigen muß. Fitzner propagiert ›expressives‹ Körperverhalten des Lehrers, weil es erhöhte Aufmerksamkeit bewirkt und dadurch wiederum zu besserem Lernerfolg führt (vgl. Fitzner, S. 20). So sind auch seine Trainingsvorschläge einerseits auf den Lehrerberuf bezogen, andererseits aber gleichzeitig von breiterem Interesse, denn auf vielen Gebieten sind wirkungsvolle Vermittlung von Informationen und gleichzeitig emotionales Ansprechen notwendig.

Zentral sind Beobachtungen und Übungen für die Bereiche Stimme, Blickkontakt, Augen, Mimik, Gestik (einschließlich Kopfbewegung), Körperhaltung und Bewegung im Raum. Um an sich selbst zu erfahren, welche Ausdrucksmöglichkeiten in diesen Bereichen liegen und wo die eigenen Schwächen und Stärken sind, wird das nichtsprachliche Verhalten in fünf Stufen geübt. Auf Stufe 1 ist das Verhalten am geringsten ausgeprägt, auf Stufe 5 am stärksten. So arbeiten zum Beispiel Partner am Vortragen einer Fabel. Für den Bereich ›Stimme‹ liest tatsächlich zunächst einer von ihnen auf Stufe 1, während der andere kommentiert. Dann werden die Rollen getauscht und die höheren Stufen und anderen Bereiche durchlaufen. Dadurch wird die Vielfalt der Wirkungsmöglichkeiten bewußt, und es eröffnen sich Möglichkeiten gezielter Arbeit an Schwachpunkten, die nicht zum professionellen Lehrerverhalten passen. Keineswegs wird aber ein einheitliches, stereotypes Verhalten angestrebt. Die folgende Beobachtungsskala (nach ebd., S. 303–306) faßt alle Möglichkeiten übersichtlich zusammen.

Stimme	Sehr monotones, leierndes Sprechen, sehr geringe Variation in Lautstärke, Dehnung, Stimmhöhe und Sprechgeschwindigkeit. + Versprecher, ›äh‹.	
	1	2
Blick-Kontakt	Hat die Interaktionspartner niemals direkt angesehen, immer ihre Blicke gemieden.	
	1	2
Augen	Blickt gelangweilt, schläfrig. Selten die Augen voll geöffnet.	
	1	2

Mittlerer Grad an Variation in Lautstärke, Dehnung, Stimmhöhe und Sprechgeschwindigkeit.		Sehr starker und deutlicher Wechsel in Lautstärke, Dehnung, Stimmhöhe und Sprechgeschwindigkeit.
3	4	5
Hat die Interaktionspartner (wenige) immer wieder angesehen.		Hat die Interaktionspartner immer angesehen, wenn möglich und angemessen.
3	4	5
Blickt immer wieder regelmäßig interessiert. Ansätze, die Augen weit zu öffnen, aufleuchten zu lassen.		Blickt sehr interessiert. Augen weit offen, tanzen, blitzen und leuchten.
3	4	5

Mimik	Wirkt tot. Läßt keine Gefühle, Interessen, Aufmerksamkeit, Nachdenklichkeit, Konzentration etc. erkennen. Lächelt selten oder nichtssagend.	
	1	2
Gestik/ Kopfbewegung	Sagt nichts mit Begleitung durch Arme, Hände. Arme und Hände immer fest am Körper, Tisch, o.ä. Oder Arme ständig verschränkt. Hebt niemals etwas hervor/illustriert/ unterstreicht durch Gestik oder Kopfbewegung. Deutet nie mit den Händen auf etwas.	
	1	2
Körperhaltung und -bewegung	Steht oder sitzt steif und unbeweglich. Wendet sich nicht mit dem Körper zu. Signalisiert niemals Interesse, Entspannung etc.	
	1	2

Zeigt immer wieder Gefühle, Aufmerksamkeit, Nachdenklichkeit, Konzentration etc. Lächelt manchmal.		Wirkt lebendig, ›geht emotional mit‹, zeigt deutlich Gefühle, Aufmerksamkeit, Nachdenklichkeit, Konzentration. Häufiger Wechsel im Gesichtsausdruck. Lächelt häufig.
3	4	5
Hebt immer wieder etwas hervor/ unterstreicht/ unterstützt/ illustriert durch Gestik oder Kopfbewegungen. Deutet dabei immer wieder mit den Händen auf etwas.		Begleitet, unterstützt, unterstreicht, illustriert und hebt stark hervor durch Kopfbewegungen und zeigt auf Dinge, wenn angemessen.
3	4	5
Wendet sich immer wieder regelmäßig zu/ lehnt sich vor. Signalisiert immer wieder Interesse, Entspannung etc.		Geht sehr stark mit dem ganzen Körper mit beim Zuhören oder Sprechen. Signalisiert Interesse, Entspannung etc. deutlich.
3	4	5

Schon ein Blick auf diese verschiedenen Verhaltens-
stufen in den einzelnen Bereichen und sicher noch
mehr das Durchprobieren der jeweiligen Möglichkeiten zeigen, daß es kaum jemanden geben dürfte, der
von vornherein, wenn er zu einer Gruppe spricht,
etwas vorträgt oder vorliest, dabei alle Anforderungen
maximal erfüllt. Umgekehrt macht es Spaß, an sich zu
erfahren, welche körperlichen Potentiale man noch
nutzen könnte. Nach entsprechender Übung wird
dann in Rede- und Unterrichtssituationen eine Selbst-
beobachtung möglich sein, die nicht mehr hemmend
wirkt, sondern zum Appell führt, doch wirklich alles
einzusetzen, was an Ausdrucksmitteln zur Verfügung
steht. Gute allgemeine Kenntnisse über die Körpersprache sind für solche Bemühungen sehr förderlich; in
Teil I dieses Buches haben Sie Informationen bekommen und Übungen kennengelernt, die bereits Elemente derartiger Trainingsprogramme enthielten.

1 Hier sind noch vier Bildbeispiele aus dem Training nach Heidemann:

Abb. 28
Drei dieser Lehrerinnen- und Lehrer-
verhaltensweisen sind ›richtig‹, eine ist ›falsch‹.
Warum sind sie positiv bzw. negativ zu bewerten?

2 Diese Übungsaufgabe zur Körpersprache des Lehrers ist einem Buch über Unterrichtsmethoden von Meyer (S. 382) entnommen. Arbeiten auch Sie damit, vielleicht zusammen mit Bekannten. Sie sehen an der abschließenden persönlichen Bemerkung, daß Sie durchaus subjektive Deutungen formulieren sollen (freilich, ohne deswegen auf Begründungen zu verzichten).

Übungsaufgabe

Versuchen Sie, die Körpersprache des Lehrers zu entziffern.

Die *Gestik* des Lehrers will sagen:

_____

_____

Die *Mimik* bringt zum Ausdruck, daß:

_____

_____

Die *Körperhaltung* signalisiert:

_____

_____

Abb. 29

Die Körpersprache dieses Lehrers signalisiert meines Erachtens Ruhe, Konzentration und Nachdenklichkeit, wobei offen ist, ob der Lehrer selbst über eine schwierige Frage nachdenkt oder ob er die Schüler dazu ermuntern will.

3 Zu dem Versuch, die eigene Körpersprache zu verändern und sich durch das Einstudieren bestimmter Bewegungen besser durchzusetzen, merkt der amerikanische Forscher Scheflen (S. 108) an:

»Interessenten für künstliche Kinesik (= Körpersprache) sind Fernsehansager und manche Politiker. Ein Journalist soll als Experte für Körperverhalten ins Weiße Haus gerufen worden sein. Wenn man sich die ungereimten Bewegungen mancher Spitzenpolitiker ansieht, erscheint diese erstaunliche Nachricht glaubwürdig. *Gegenwärtig* sind manipulierte kinesische (= körpersprachliche) Darbietungen noch selten genau genug, um zu überzeugen.«

Können Sie selbst – etwa anhand von Fernsehaufzeichnungen – Beobachtungen dazu machen, ob diese Stellungnahme Scheflens bei bestimmten Personen zutrifft? Läßt sie sich auch auf Personen Ihres Umkreises, die zum Beispiel bestimmte Strategien der Werbung anwenden, ausdehnen?

Überlegen Sie doch bitte auch für Ihr eigenes berufliches Leben, inwiefern Bemühungen um eine ›bessere‹ Körpersprache zu ›manipulierten Darbietungen‹ führen können. Gleichzeitig sollten Sie aber überdenken, welche besonderen Einstellungen in Ihrem Beruf gefordert werden und wie Sie an diesen auch im Zusammenhang Ihrer Körpersprache arbeiten können.

2

›WEIBLICHE‹

UND ›MÄNNLICHE‹

KÖRPERSPRACHE

Geschlechtstypische Verhaltensmerkmale

Als ich in Teil I dieses Buches allgemein in Bereiche und Formen der Körpersprache einführte, mußte ich schon gelegentlich auf geschlechtsbedingte Unterschiede hinweisen. Jetzt werde ich diese noch genauer herausstellen und ihre Ursachen und Wirkungen diskutieren. Es wird sich zeigen, daß es sehr viel mehr Unterschiedlichkeiten gibt, als es auf den ersten Blick erscheint; Versuche, deren Herkunft zu erklären, führen mitten in die öffentliche Auseinandersetzung um die Benachteiligung der Frau in der Gesellschaft. Natürlich ist es eine Banalität, festzustellen, daß Frauen üblicherweise anders gehen, stehen und sitzen als Männer. Zu einer höchst aktuellen Betrachtung wird dies aber, wenn allgemeine Rollenzuweisungen damit verbunden sind. Dies wird dann noch offenkundiger, wenn wir uns auch mit bestimmten Formen des Lächelns und Sprechens u. ä. näher beschäftigen und darauf schauen, wie man die weibliche Körpersprache in verschiedenen Medien bis hin zur Werbung benutzt.

Neben offensichtlichen und weithin bewußten Unterschieden in der Körpersprache von Mann und Frau gibt es also einiges Überraschende zu entdecken und zu interpretieren, das kaum oder gar nicht bewußt ist. Eibl-Eibesfeldt unterscheidet *geschlechtsspezifische* und *geschlechtstypische* Verhaltensweisen. Unter dem Gesichtspunkt Körper*sprache* müssen letztere besonders interessieren: »Geschlechtstypisch sind Verhaltensweisen, die zwar in beiden Geschlechtern vorkommen, aber verschieden häufig« (S. 339). Ich versuche, einen Katalog mit einigen solcher Unterschiede zu skizzieren. Sie werden teils ganz offensichtliche anatomische Gründe haben und so geschlechtsspezifischen Verhaltensweisen nahestehen, teils aber auch damit zusammenhängen, daß sie anerzogen sind, weil in unserer Gesellschaft bestimmte Geschlechtsrollen definiert wurden und vielfach auch noch werden:

■ Biologen beschäftigten sich mit der unterschiedlichen Lauf- und Wurfleistung der Geschlechter. Gekrümmte Oberschenkel mit einer spezifischen Eingelenkung in die Hüften werden für die Art verantwortlich gemacht, wie Frauen laufen (halbkreisförmige Schlenker, Schwierigkeiten beim schnellen Abwärtslaufen).

■ Beim breitschultrigeren Mann streben die herunterhängenden Arme etwas seitlich vom Rumpf weg, während bei der Frau mit ihren – im Durchschnitt gesehen – schmaleren Schultern die Oberarme gewöhnlich enger an der Seite des Brustkorbs anliegen. Die Art, wie Frauen die Ellbogen eng am Körper halten und die Unterarme mit ihrem vergrößerten Beugewinkel zwischen Ober- und Unterarm bewegen, wird immer dann gerne von Männern imitiert, wenn sie weibliches Gebärdenspiel nachahmen wollen.

■ Stehen mit vorgeschobenem Oberschenkel wird als weiblich empfunden. In der Art, größere Gegenstände zu tragen, zeigt sich oft, daß Frauen sie nach Möglichkeit gerne auf die Hüften aufstützen, während Männer diese Gegenstände einfach am Körper tragen.

■ Bekannt und deutlich belegbar ist die ›Rocksitzhaltung‹ im Gegensatz zu den oft gespreizten Beinen oder der ›Knöchel-auf-dem-Knie-Pose‹ der Männer beim Sitzen. Morris (vgl. 1978, S. 238) nimmt an, daß Frauen, auch wenn sie Hosen tragen, weniger zu den Männer-Sitzhaltungen neigen. Auch neue Untersuchungen bestätigen dies. So stellt Frey (vgl. S. 38) fest, daß bei Experimenten die Sitzhaltungen von Frauen und Männern meist eindeutig identifiziert werden.

■ Beim Sitzen ist weiterhin das ›Beinflechten‹ typisch weiblich – der überschlagene Fuß berührt das stehende Bein. Diese Haltung mit ihrer betonten Muskelanspannung kann sehr attraktiv wirken. Eine gelöste Haltung, die in angenehmer Gesprächsatmosphäre überwiegend Frauen einnehmen, kommt dadurch zustande, daß der Unterschenkel eines Beines unter den Oberschenkel des anderen Beines geschoben wird.

■ Frauen lächeln häufiger und stärker als Männer. Dazu gehört vielfach eine seitliche Kippung des Kopfes, die ich schon angesprochen habe (vgl. S. 64 f. in diesem Buch). Wenn Männern Bilder vorgelegt wurden, wo man durch Montage geneigte Frauenköpfe aufgerichtet hatte, so reagierten männliche Beurteiler ganz anders als weibliche: »Den weiblichen Beurteilern erschienen diese Frauen als durchaus ›sympathisch, anteilnehmend, empfindsam, angenehm, zärtlich, freundlich, ehrlich, bescheiden, ruhig, weich und lieb‹. Die männlichen Beurteiler empfanden dagegen die Frauen mit dem aufrechten Kopf als ›unsympathisch, unbeteiligt, kalt, unangenehm, grob, unfreundlich, hinterhältig, arrogant, laut, distanziert, hart, abweisend und böse‹.« (Frey, S. 58.)

■ Unterschiedliche Gefühle bei Frauen und Männern rufen auch bestimmte Körperkontakte hervor: »Bei Berührungen durch die Krankenschwester vor einer Operation ergab sich ein positiver Effekt für die Frauen (weniger Angst, geringerer Blutdruckanstieg) im Gegensatz zu den Männern, bei denen eher ein negativer Effekt auftrat… Berührung [ist] auch ein Status-Indikator, d. h. ein Ranghöherer berührt eher einen Rangniederen als umgekehrt. Dies könnte die negativen Reaktionen der Männer auf die Berührung … erklären.« (Ellgring, S. 36 ff.)

■ Körperliche Berührung ist anscheinend oft tatsächlich Ausdruck sowohl von Rang als auch von Herzlichkeit. Auch Eibl-Eibesfeldt stellt in diesem Zusammenhang unterschiedliche Bewertungen bei Frau und Mann fest: »Zuschauer schätzten Schauspieler, die ihre Partner berührten, als selbstbewußter, dominanter und herzlicher ein als die Berührten. Weibliche Zuschauer bewerteten Schauspieler, die Berührungsinitiative zeigten, auch als attraktiver als solche, die ihre Partner nicht berührten. Männliche Zuschauer bewerteten sie dagegen genau umgekehrt.« (S. 546.)

■ Zu der Fülle von kleineren Verhaltenskennzeichen, mit denen Weiblichkeit beziehungsweise Männlichkeit signalisiert wird (vgl. zum Beispiel Morris 1978, S. 137 und 238), gehören u. a. die Benutzung spitzer Schreie in Paniksituationen; außerdem die unterschiedliche Art, sich im Gewühl zu bewegen –

Frauen wenden sich, vielleicht als Schutz für den Busen, seitlich ab, wenn sie sich an einem Mann vorbeidrängen, während sich ein Mann in dieser Situation der Frau eher zuwendet – und die Tatsache, daß sich Frauen öfter als Männer mit den Händen ans Haar greifen. Manchmal haben relativ gleiche Gesten unterschiedliche Funktionen: Männer drücken eine Hand mit gespreizten Fingern als Beteuerung ihrer Ehrlichkeit auf die Brust; bei Frauen ist dies mehr ein Anzeichen echten Erschreckens. Für Männer gilt, daß sie eher als Frauen ihre Arme vor der Brust verschränken (u. U. mit nach oben gestreckten ›Machtdaumen‹) oder Partnern den Arm um die Schultern legen. Geht es darum, daß Mann und Frau zu einem gemeinsamen Tun ihre Hände ineinanderlegen, ist davon auszugehen, daß er ›führt‹. Dazu läßt sich leicht folgender Versuch machen. Man fordert einen Jungen und ein Mädchen/einen Mann und eine Frau auf, einige Meter nebeneinander zu gehen und sich dabei gleichzeitig an der Hand zu fassen: so gut wie immer liegt die Hand des männlichen Partners auf der des weiblichen.

■ Die Körpersprache des Flirts, der erotischen Anziehung und Annäherung hat selbstverständlich ein reiches und vielgestaltiges Repertoire. Eine Reihe solcher Signale wurden bereits angesprochen (vgl. zum Beispiel S. 58 f. und 80 ff.), und es wäre nicht schwer, hier noch weitere derartige frauen- wie männertypische Signale aufzulisten oder entsprechende Wechselspiele zu beschreiben (Straffung der Haltung, Glänzen der Augen, verwirrtes Erröten usw.). Der Schwerpunkt im Kontext dieses Buches soll aber das ganz alltägliche Verhalten zwischen Frau und Mann sein.

Viele Formen einer geschlechtstypischen Körpersprache werden sich schon bei erster kritischer Betrachtung als keinesfalls unabänderlich beziehungsweise als gegenwärtig sich verändernd erweisen. Ja, die Auflistung solcher Formen könnte eine Geschlechtsrollentradition verfestigen, wie sie etwa die Werbung und die massenmediale Unterhaltung noch immer gerne vermitteln. Es ist offensichtlich: Jede unüberlegte Festschreibung solcher Unterschiede steht in einem gesellschaftlichen Spannungsfeld, denn die Zuweisung einer je eigenen Körpersprache verknüpft sich leicht mit der Zuweisung unterprivilegierter Rollen, aus denen Ungerechtigkeit gegenüber Frauen und auch schon Mädchen resultiert.

Wie argumentieren nun zunächst Humanbiologen in diesem Spannungsfeld? Sie halten am Konzept der biologischen Mitbestimmtheit der Geschlechtsrollen fest und bemühen sich, die humanen Aspekte eben dieser Sichtweise zu verdeutlichen. Morris (1978, S. 238) sieht eine ›Uni-Sex‹-Philosophie, »die alle Unterschiede zwischen Mann und Frau mit Ausnahme der unmittelbar fortpflanzungsrelevanten verneinen möchte, im Grunde ad absurdum geführt«. Er betont dabei die nicht so leicht veränderbaren Auswirkungen einer über eine Million Jahre dauernden Evolution. Aber er räumt doch auch ein, daß in der heutigen Situation (Aufhebung der arbeitsteiligen Lebensweise mit entsprechenden körperlichen Spezialisierungen einerseits für ›Aufzuchtsfunktionen‹ und andererseits für ›Jagdfunktionen‹) »ein großer Teil des rein konventionellen, brutal männlichen oder albern weiblichen Beiwerks oder Verhaltens abgebaut, vielleicht sogar abgeschafft werden« (ebd.) könnte. Ähnliche Kritik am männlichen Dominanzstreben und -gebaren gegenüber der Frau übt Eibl-Eibesfeldt (vgl. zum Beispiel S. 342). Er bringt es mit allmählich erfolgten Umstrukturierungen der Familie in Zusammenhang, während es ursprünglich eine wesentlich gemischtere Verteilung der Kompetenzen von Frau und Mann gab. Insgesamt hält er es jedoch, gerade im Blick auf die Kindererziehung, weiterhin für berechtigt, zu fragen, »für welche der vielseitigen Anforderungen, die das Leben uns im sozialen und nichtsozialen Bereich stellt, Frauen oder Männer besondere Anlagen mitbringen. Nicht weil wir solchen biologischen Anlagen in jedem Falle notwendigerweise nachgeben müssen, wohl aber weil es gelegentlich vernünftig und auch im Einklang mit unseren humanitären Idealen sein kann, in Teilbereichen auf solche Anlagen Rücksicht zu nehmen« (ebd.).

Gesellschaftlich bedingte psychische Eigenschaften

Das Problem solcher wohl erwogener Feststellungen und Appelle bleibt aber, daß sie leicht wieder zur Rechtfertigung von Ungerechtigkeit herangezogen werden können. Auch muß Morris widersprochen werden, wenn er ohne Präzisierungen ausführt, daß man Verhalten, dessen man sich nicht bewußt ist, schwerlich abstellen kann. Hier wird die ganz außerordentliche Bewußtwerdung der Frauen über die sie betreffenden Rollenzuweisungen nicht in Rechnung gestellt. Gerade Körpersprache und Kleidung sind Bereiche, in denen Frauen zunehmend konventionelle Erwartungen zurückweisen. Hier wird wohl vielfach nach spezifischen weiblichen Gebärden gesucht, aber in einer Weise, die sich männlichen Erwartungen verweigert. Ganz offensichtlich möchten Frauen ein neues Selbstbewußtsein herbeiführen oder zunehmend stark zum Ausdruck bringen. (Die Abwehr konventioneller

›typisch weiblicher‹ Verhaltensweisen bedeutet ja nicht einfach, daß die kritisierten Männlichkeitsideale übernommen werden sollen).

Nun machen viele in diese Richtung bemühte Frauen gerade die Körpersprache zum Hebel der Bewußtwerdung und Veränderung ihrer Situation. Sie nehmen das außersprachliche Verhalten als Ausdruck von Macht beziehungsweise Ohnmacht. Damit heben sie folgende ›Körperpolitik‹ der Männer gegenüber den Frauen hervor: »Die meisten Dominanzgesten sind den Männern vorbehalten, die Körpersprache der Frauen dagegen signalisiert fast immer Unterordnung« (Mühlen-Achs 1984, S. 61). Damit werden auch psychische Besonderheiten der Frau beziehungsweise des Mannes aufrechterhalten, die gesellschaftliche Ursachen haben. Mühlen-Achs (vgl. 1988, S. 36) sieht weder im Verhaltensbereich noch im Bereich einzelner kognitiver Fähigkeiten grundsätzliche Unterschiede, wohl aber in der Zuweisung des Mannes zu öffentlicher bezahlter Tätigkeit und in der Zuweisung der Frau zur privaten Sphäre: »Die Zuordnung zu den beiden Sphären wird durch die Vorstellung von unterschiedlichen Fähigkeiten und Begabungen der Geschlechter begründet und gerechtfertigt. Wir befinden uns am vorläufigen Endpunkt einer Entwicklung, durch die im Verlauf der Industrialisierung die Familie – und mit ihr die ihr zugeordnete Frau – auf ihre Fundamente (Ehe und Aufzucht der Kinder) reduziert wurde. Viele vormals weibliche Funktionen (Kranken- und Altenpflege, Unterrichtung der Kinder, Erzeugung von Bekleidung etc.) wurden ausdifferenziert und der Produktionssphäre als neue ›Berufe‹ zugeschlagen. Die Frau wird heute nicht mehr durch eine breite Palette verschiedenster Tätigkeiten definiert, sondern *primär* durch jene *psychischen* Eigenschaften, die für die Aufzucht der Kinder und die emotionale wie seelische Betreuung von Mann und Kindern benötigt werden. Frauen sind ›verständnisvoll, rücksichtsvoll, abhängig, emotional, freundlich, sensitiv, unterwürfig, warm und ängstlich‹; dies sind normative Charakterisierungen, die durch sozialisatorische Prozesse im Selbstbild der Frauen verankert werden ... und somit dazu beitragen, sie mit der privaten Sphäre bindend zu verknüpfen«. Natürlich wird bei Mühlen-Achs und auch sonst in der Frauenbewegung nicht übersehen, wie erfolgreich sich Frauen gegen solche Ausgrenzungen zur Wehr gesetzt haben. Aber der Zugang von Frauen zum ›männlichen Bereich‹ ist nicht nur besonders schwierig, sondern bringt oft doppelte Arbeitsbelastung. Denn in der ›weiblichen‹ Sphäre gehen Veränderungen, durch die auch die Männer Pflichten des privaten Bereiches mitzutragen hätten, erst sehr zögernd vor sich.

Wie sich diese Argumentationen mit der Beschreibung und Interpretation weiblicher und männlicher Körpersprache als Ausdruck von Unterordnung und Dominanz verbinden lassen, macht eine große Fotosammlung von Wex ausgesprochen deutlich. Die Autorin bietet über 2000 Aufnahmen aus dem Alltag und übernimmt zudem Darstellungen aus Zeitschriften, Katalogen und der Werbung, um Haltungen von Frauen und Männern einander kontrastiv gegenüberzustellen. Wenn man diese Dokumentation gesehen und die Analysen dazu gelesen hat, fällt einem wirklich deutlicher als je zuvor in der eigenen Umgebung, im Fernsehen usw. auf: »Die Art, in der wir unsere Körper bewegen, wie wir sitzen, stehen, gehen usw., wird zum Erkennungszeichen dafür, ob es sich um eine Frau oder um einen Mann handelt und drückt sich ganz allgemein darin aus, daß sich Männer ... einen größeren Bewegungsraum ... zugestehen als Frauen. Die Körperhaltungen von Frauen wirken, mit ihren Armen und Beinen eng am Körper gehalten, sich schmal machend, verkleinernd, verniedlichend, verharmlosend, demütig, sich anbietend, in sich zurückgezogen, sich versteckend, vorwiegend eingeschüchtert und angstbestimmt.« (S. 6 ff.) Beispiele etwa dafür, daß Frauen die Beine eng aneinander halten, bei nach innen gestellten Füßen, während Männer eine breite Beinhaltung mit nach außen gestellten Füßen haben, begegnen uns täglich. Ich gebe deshalb aus dem Bildmaterial von Wex nur zwei sozusagen ›verfremdete‹ Beispiele wieder. Zunächst – Abb. 30 – ›Dick und Doof‹:

Abb. 30
Männer in ›weiblicher‹ Haltung wirken doof

»›Doof‹ signalisiert seine Doofheit durch eine ›weibliche‹ Haltung. Die Arme eng am Körper, die Hände auf dem Schoß zusammengelegt, die Knie aneinandergepreßt und die Fußspitzen nach innen gekehrt. Während Dick seine Überlegenheit, seinen Hohn und Spott durch eine breite ›männliche‹ Haltung unterstreicht.« (Wex, S. 7.) Ähnlich zu denken gibt eine gezielte Ver-

Abb. 31
›Männlich‹

150

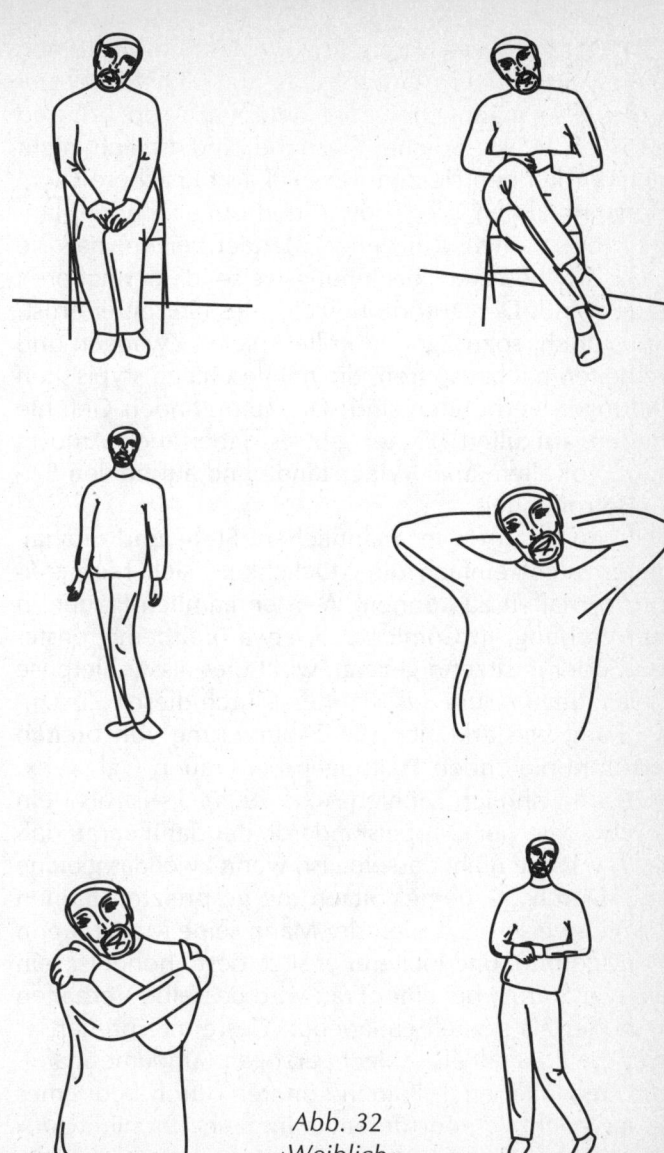

Abb. 32
›Weiblich‹

fremdung, die Wex dadurch hervorruft, daß Personen des jeweils anderen Geschlechts in weiblicher beziehungsweise männlicher Pose auftreten (Abb. 31 und 32, nach Wex). Solche Versuche sind freilich nicht neu. Wir kennen sie zum Beispiel als todsichere Lacherfolge in Filmen wie ›Tootsie‹ und früher schon ›Manche mögen's heiß‹, in denen Männer zeigen, daß sie u. U. die besseren beziehungsweise damenhafteren Frauen sind. Der Autorin freilich ist es hier bitter ernst, gilt es doch, sozusagen in Rollenspielen Zwängen und Freiheiten nachzuspüren, die mit geschlechtstypischen Haltungen verbunden sind. Die auftretenden Gefühle werden artikuliert. Sicher gibt es dabei auch Amusement, vor allem aber Widerstände und auf beiden Seiten Betroffenheit.

Frauen erfahren in ›männlichen‹ Steh- und Sitzhaltungen nicht einfach die Möglichkeit, sich raumgreifend verhalten zu können. Werden nämlich Frauen in der Werbung, in Comics u. ä. etwa breitbeinig dastehend oder dasitzend gezeigt, wirkt dies als Anbietpose für den Sexkonsum des Mannes. Durch diesen Zusammenhang verstärkt sich die Tabuisierung von breiten und imponierenden Haltungen bei Frauen (vgl. Wex, S. 73 und ähnlich Mühlen-Achs 1984). Es ist also ein ›psychologischer Doppelstandard‹, der dafür sorgt, daß es noch lange nicht dasselbe ist, wenn zwei das gleiche tun. »Durch bequemes Sitzen mit gespreizten Beinen beispielsweise signalisiert der Mann seine Macht, denn je entspannter und lockerer er sitzt, desto höher ist sein relativer Status; bei einer Frau wird dasselbe Verhalten entweder als sexuell einladende Geste interpretiert… oder die Frau gilt als schlecht erzogen (›undamenhaft‹). Der Gedanke, auch Frauen könnten durch bequemes Sitzen Macht demonstrieren, kommt erst gar nicht auf.« (Wex, S. 63.)

Die Frage der freieren Körperhaltungen bei Mädchen und Frauen regt auch noch zu anderen Beobachtungen an. So wirken Mädchen und Frauen aller Schichten zwischen etwa 15 und 25 Jahren am ›angepaßtesten‹ und versuchen am stärksten, dem Bild einer ›richtigen‹ Frau zu entsprechen. Abweichungen vom weiblichen Muster finden sich am ehesten in Frauenzentren und im Universitätsbereich. Ältere Frauen der ›unteren‹ Schichten neigen dazu, männlich-gelöste Haltungen einzunehmen, korrigieren sich aber u. U. bei offiziellen Anlässen. Eine Fülle von Fotos in dem Band von Wex belegt zudem, daß Frauen, wenn sie unter sich sind, sich viel gelöster verhalten und durch ihre Körpersprache kaum eine Rangordnung signalisieren. Bei Männern untereinander sind dagegen Rangordnungssignale deutlich sichtbar. (Vgl. S. 173.)

Schon die das Kapitel 2 einleitende Übersicht über geschlechtstypische Haltungen und Bewegungen enthielt Hinweise, daß Dominanz- beziehungsweise Unterordnungssignale von sehr verschiedenen Bereichen des Körpers ausgehen. Da solche Signale offenbar ein zentrales Problem für die Gestaltung und Veränderung der Beziehungen zwischen Frau und Mann darstellen, seien sie – hier nach Henley (S. 267) – zusammengefaßt (siehe Kasten S. 154).

Jeder dieser Punkte ließe sich für den hier interessierenden Zusammenhang aufgreifen. Bereits kurz diskutiert wurde früher die Frage der Berührung. Mit Eibl-Eibesfeldt (vgl. S. 351) warf ich die Frage auf, ob männliche Verhaltensmerkmale ›besitzergreifender Art‹ (Männer legen öfter den Arm um die Schultern der Partnerin oder um deren Hüfte, usw.) ausschließlich negativ als Beherrschung gesehen werden müssen oder sich auch als schützend und betreuend interpre-

Dominanz	Unterordnung
anstarren	den Blick senken oder abwenden, flackernder Blick
berühren	sich an die Berührung ›anschmiegen‹
unterbrechen	verstummen
in den Raum eines anderen eindringen	Raum abtreten, aus dem Weg gehen
Stirn runzeln, streng blicken	lächeln
mit dem Finger zeigen	gehorchen, in seiner Handlung (oder Rede) innehalten: sich in die gewiesene Richtung bewegen

tieren lassen. Eibl-Eibesfeldt betont ja die emotionale Bindung und lehnt es ab, daß die Beziehungen zwischen Mann und Frau einer beliebigen Objektbeziehung gleichgestellt werden. Dies ist hier nicht weiter zu verfolgen, zumal es hier jetzt weniger um Partnerbeziehungen gehen müßte als um das allgemeine Eindringen von Männern in den persönlichen Raum von Frauen in der Öffentlichkeit. Hierzu möchte ich aber nochmals das weibliche Blickverhalten und Lächeln aufgreifen, jetzt mit Mühlen-Achs (1984, S. 63) unter kritischem Aspekt: »Männer dürfen Frauen anstarren, aber umgekehrt schickt sich das nicht. Anstarren ist nämlich ein besonders wirksames Mittel, um Machtverhältnisse aufzubauen – vor allem in Verbindung mit einer ernsten Miene. Auch diese steht Männern eher zu; sie lächeln signifikant seltener als Frauen.« Auch für den Bereich der Erotik läßt sich anführen, daß Männern in der Öffentlichkeit bestimmte Blicke zustehen, nicht aber Frauen. Ein ›Rollenspiel‹ mit dieser Tatsache ist Helmut Newton in einem berühmten Foto ›Frau, einen Mann begutachtend‹ gelungen. Unsere Abb. 33 nimmt diese Idee auf.

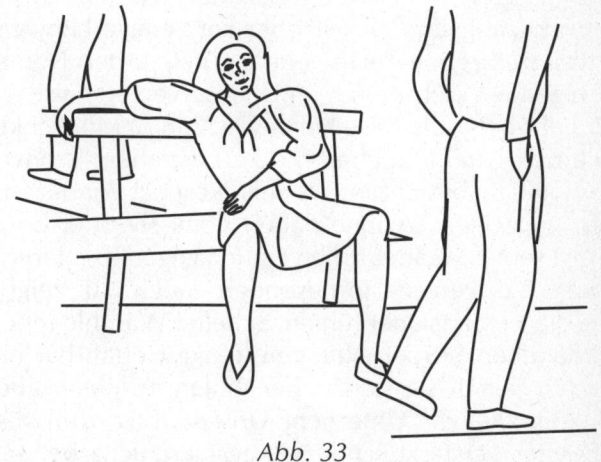

Abb. 33
Frau, einen Mann begutachtend

Erweiterung des Verhaltensrepertoires

Die vorherige Auseinandersetzung mit geschlechtstypischer Körpersprache konnte sich nur auf einige Auffälligkeiten beziehen. Trotzdem mag gerade die konkrete Erfahrung von Unterschieden, die deutlich Vorteile beziehungsweise Begrenzungen im privaten wie öffentlichen Leben mit sich bringen, zu einem bewußteren

Umgang mit der eigenen Körpersprache führen. Bei Männern ginge es vor allem um Anstöße, sich besser in die Zwänge einzufühlen, unter denen Frauen stehen. Für Frauen könnten Kenntnisse aus diesem speziellen Gebiet der Körpersprachforschung ein guter Hintergrund sein, Richtungen für notwendige Änderungen deutlicher zu erkennen. Regelrechte Empfehlungen zum Abbau der bestehenden ›geschlechtshierarchischen Körperpolitik‹ (Werner) müßten aber anhand der umfangreichen Literatur diskutiert werden. Das ist hier nicht möglich; ich will aber kurz einige Hinweise auf weiterführende Texte geben. (Titel zu den Namen der folgenden Autorinnen im Literaturverzeichnis.)

So sieht beispielsweise Henley (S. 288 f.) Möglichkeiten, Jungen und Mädchen dazu zu erziehen, »nonverbal sowohl Selbstachtung als auch Respekt vor dem anderen zu zeigen – ohne dabei submissiv oder dominant zu sein«; Männer sollen Frauen gegenüber lernen, Gefühle zu zeigen, insbesondere auch zu zeigen, wenn sie sich unsicher fühlen. Scheffel/Wäschle möchten Mädchen Körperhaltungen konkret erfahrbar machen, in denen sie sich sicher fühlen, fürchten aber, daß koedukativer Unterricht Unsicherheit von Mädchen eher verstärkt. Enders-Dragässer/Fuchs betonen angesichts dieses pädagogischen Umstands die Notwendigkeit eines Problembewußtseins für die Benachteiligung schon von Schülerinnen: »In gemischten Klassen dominieren die Jungen das Unterrichtsgeschehen: sie reden öfter und länger als die Mädchen, unterbrechen häufiger. Sie bekommen aber auch mehr Aufmerksamkeit, sie werden häufiger angesprochen, aufgerufen, gelobt und diszipliniert.« (S. 102.) Wie das körpersprachliche Verhaltensrepertoire von Frauen im Berufsleben – bis hin zu entsprechenden Statusgesten – erweitert werden kann, überlegt u. a. Stechert.

1   Bei dem folgenden kleinen Versuch, der einen meist nicht bewußten geschlechtsspezifischen Unterschied offenlegt, gibt es viel zu lachen, wenn Sie ihn mit Frauen und Männern zusammen durchführen. (Und diesmal ziehen die Männer den kürzeren.) Lassen Sie die Versuchspersonen hinknien und die Unterarme vor den Knien auf den Boden legen. An den Endpunkt der nach vorne gestreckten Hände kommt ein kleiner Gegenstand. Die Anweisung lautet: Versuchen Sie, diesen Gegenstand mit der Nase zu berühren!

2   Bei den folgenden Spielen stellen sich in der Regel geschlechtstypische körpersprachliche Abläufe im Detail ein. Das Nachdenken darüber wird besonders intensiv, weil es an die leibnahe Erfahrung anknüpft. Vielleicht sehen Sie für sich Möglichkeiten, eines dieser Spiele mit Partnerinnen und Partnern durchzuführen. Das Spielen ist immer mit Aussprachen über die gemachten Erfahrungen verbunden. Beides, Spielen und reflektierendes Sprechen darüber, rückt Automatismen des geschlechtstypischen Verhaltens in den Bereich erhöhter Aufmerksamkeit und Selbstkritik. Warum verhalte ich mich so? Warum spiele ich als Frau u. U. noch die für die männliche Umwelt gefällige, aber mich einengende Rolle? Ist es nicht penetrant, wie ich als Mann mit zurückhaltenden und dienenden Verhaltensweisen von Frauen rechne? Welche Erfahrungen machen wir mit einem erweiterten Rollenrepertoire?

Beim Zahnarzt. Patientinnen und Patienten sitzen mit Schmerzen im Warteraum. Im pantomimischen Spiel verstärken Mädchen/Frauen Haltungen, die als typisch weiblich angesehen werden (Fußstellung, Bein- und Armhaltungen, Tasche wird als Schutz auf die Oberschenkel gestellt usw.). Die Jungen/Männer machen starke Armbewegungen, sitzen sehr unruhig, springen sogar auf und laufen hin und her. Es schließt sich eine Aussprache über die Unterschiede an. Variante: Mädchen/Frauen − Jungen/Männer warten gemeinsam auf einer Bank auf den Zug.

Modellsitzen. Ein Junge/ein Mann und ein Mädchen/eine Frau werden gebeten, für eine Plastik ›Mädchen/Frau‹ beziehungsweise ›Junge/Mann‹ Modell zu sitzen. Sie müssen also die typischen Posen des jeweils anderen Geschlechts einnehmen. Ein ›Bildhauer‹ kann sie dabei unterstützen. Es ist wichtig, die modellsitzenden Personen zu fragen, wie sie sich in der getauschten Rolle fühlen.

Spiegelspiel. Eine Person steht vor einem gedachten Spiegel und macht sich zurecht. Ihr Gegenüber, das dem anderen Geschlecht angehört, ahmt als Spiegel alle Bewegungen und auch das Mienenspiel genau nach. Dann werden die Rollen umgekehrt, schließlich erfolgt eine Aussprache über die Empfindungen beim Nachahmen. (Dieses Verfahren kann durch lange Blickkontakte Belastungen mit sich bringen und sollte in diesem Fall abgebrochen werden. Andererseits ist das, was sich an Mimik und Gestik zeigt, nicht rein persönlich zu sehen, sondern ist gesellschaftlich erwartete Stilisierung, die spielerisch übertrieben werden kann und sich so zur Beobachtung durch andere eignet.)

3   In der Frauenliteratur sind viele Anregungen enthalten, wie Frauen mit neuer Selbständigkeit und u. U. Provokation auf ›männliche‹ Körpersprache reagieren können. Hier zwei Beispiele, die auch Anregungen zu Rollenspielen/Interaktionsspielen ›Frau – Mann‹ sein können.

Marianne Wex (S. 263) schildert eine Begebenheit bei einer Zugfahrt. Sie hatte im Abteil ein männliches Gegenüber. Ihre Beine waren (ganz ›unweiblich‹) bei nach außen gestellten Fußspitzen etwas breiter gehalten als die des Mannes, aber er zog sofort nach. Dieses Spiel der beidseitigen ›männlichen‹ Ausdehnung wiederholte sich mehrmals. Dann legte der Mann seinen rechten Fuß auf sein linkes Knie – was wiederum vorsichtig imitiert wurde. Das verursachte ein Aufrichten der Fußspitze, was auch zur Nachahmung führte. Als letzte Steigerung raumgreifenden Verhaltens streckte der Mann das überschlagene Bein aus und setzte seinen Fuß auf die gegenüberliegende Bank.

Kathryn Stechert sieht, daß Frauen die lässigen Machtpositionen und aggressiven Gesten von Männern nicht ohne weiteres imitieren können (Gefahr, lächerlich zu wirken, ungewollt sexy zu wirken, usw.). Sie führt aber auch folgendes aus:

»Frauen können zum Beispiel im Büro eines Mannes durch entspanntes Verhalten Macht ausüben. Sie können in seinen Machtbereich eindringen, wenn sie sich auf seinen Schreibtisch lehnen. Sie können ihn in seinem Betätigungsfeld einengen und sein Eigentum berühren, indem sie ihre eigenen Unterlagen und Arbeitsmaterialien ausbreiten. Sie können auch gelegentlich und mit Vorsicht die herablassenden Gesten benutzen, denen Frauen und Kinder oft ausgesetzt sind, und ihrem Gegenüber den Kopf tätscheln oder auf die Nase tippen. Frauen können auch lernen, die Machtgesten der Männer zu interpretieren, und so vermeiden, diesen Gesten durch unterwürfiges Verhalten zu entsprechen. Wenn ein Mann Aggressivität und Machtfülle zeigt, indem er beispielsweise eine Frau aus ihrem Bereich verdrängt, muß sie nicht weichen. Sie muß auch nicht lächeln, wenn er die Stirn runzelt, oder ihre Augen senken, wenn er sie anstarrt. Solche nonverbalen Ergebenheitsreaktionen verstärken den höheren Status und die Macht der Männer.« (S. 54.)

3

KÖRPERSPRACHE

IN

BEZIEHUNGSKONFLIKTEN

Die leitende Frage dieses Kapitels wird sein, welche Rolle die Körpersprache in gestörter Kommunikation spielt. Störungen liegen bereits vor, wenn eine Information unvollständig übertragen oder falsch verstanden wird, und natürlich auch beim Lügen. Hier interessieren allerdings nur solche Fälle, wo die Kommunikation Ausdruck einer gestörten Beziehung ist beziehungsweise zu Konfliktsituationen im zwischenmenschlichen Umgang führt. Dies kommt sehr häufig vor, und zwar aufgrund der Tatsache, daß wohl mit der Sprache genaue, einklagbare Aussagen möglich sind, daß aber Körpersprache ganz im Gegensatz dazu flüchtig und vieldeutig ist. Anders ausgedrückt: die Wörtersprache ist in ihren abstrakten Zeichen bedeutungsmäßig eindeutig festgelegt (›digital‹), während die Körpersprache konkret-anschaulich und ganzheitlich-bildhaft (›analog‹) wirkt.

Wir stehen ständig in Situationen, wo wir solchen körpersprachlichen und sprachbegleitenden Äußerungen eine ganze bestimmte Bedeutung zuschreiben, die dann auch folgenreich für unser Verhältnis zu anderen wird. Dabei legen wir uns mit einer solchen Zuschreibung unnötig fest und vertun die Chance, zu überlegen, ob nicht ganz andere Deutungen möglich wären. Tardy gibt ein Beispiel aus dem Berufsleben. Jemand hat »etwas in der Mimik seines Chefs ›gelesen‹, was er als ›vorwurfsvoll‹ deutete. Interessant ist für uns der Vergleich, wie er die Stimme seines Chefs und dessen Mimik beschrieb. Stimme: ›Leise, sehr langsam und mit Pausen.‹ Eine klare Beschreibung dessen, was er hörte, und wir können uns dies auch vorstellen. Mimik: ›Vorwurfsvoll, unsicher‹. Wie sah das Gesicht des Chefs wohl dabei aus? Hatte er seine Augenbrauen hoch- oder eher hinuntergezogen, eventuell seine Stirn gerunzelt oder seine Mundwinkel nach unten gezogen? Wir wissen nicht, wie das Gesicht des Chefs aussah, wir wissen nur, wie unser Gruppenmitglied den mimischen Ausdruck seines Chefs gedeutet hat.« (S. 47.) Solche Deutungen nehmen wir oft völlig schematisch aufgrund von Mustern vor, die wir vielleicht schon seit früher Kindheit verwenden. Mitglieder von Gruppen, die mit Körpersprache arbeiten, machen dementsprechend die heilsame Erfahrung, daß verschiedene Leute das gleiche analoge Zeichen jeweils ganz anders empfinden und deuten. Die Zusammenstellung (ebd., S. 48) auf S. 163 belegt die Notwendigkeit, seine Deutung nur als eine *mögliche* Wahrheit zu nehmen, aber keinesfalls als die ausschließlich richtige.

Gerade weil vorschnelle Deutungen dazu führen, daß auf notwendige Aussprachen verzichtet wird und man die Offenheit anderer – zum Beispiel den Arbeitskollegen – gegenüber verliert, sollten die Betroffenen nicht starr an ihrer ›Hypothese‹ festhalten. Langanhaltende Mißverständnisse und eine Verschärfung der Konfliktsituation könnten die Folgen sein.

Analoge Zeichen

Hypothesen, Wertungen zu den Zeichen, warum sich der Partner mir gegenüber so verhält, was er von mir will. Er sei …		Hypothesen, Wertungen über die eigenen Gefühle, warum ich mich so verhalte. Ich fühle mich …
arrogant, vorwurfsvoll	leises, langsames Sprechen	hilflos, Angst, Sorge
bestimmend, überlegen	schnelles Sprechen mit Körperbewegungen	Angst, Sorge, sich unwohl und sauer fühlen
überheblich, bestimmend, vorwurfsvoll, überlegen	lautes Sprechen	Angst, sich alleine und unverstanden fühlen
vorwurfsvoll sein	hektisch, viel Bewegung	sich unwohl fühlen
vorwurfsvoll	Augenbrauen herunter	sich alleine und unverstanden fühlen, Angst
aggressiv, provozierend	starre Körperhaltung, Abstand haltend	niedergeschlagen, Angst

163

Vorwürfe, die sich auf das körpersprachliche Verhalten von Menschen aus der eigenen Umgebung beziehen, sollten zudem nicht abgetrennt von der eigenen Körpersprache beurteilt werden. Bei Äußerungen wie »Herr/Frau sieht mich einfach nicht«, »Die Chefin/der Chef lächelt mich nie an« gibt Tardy zunächst zu bedenken, daß verschiedene Menschen in ihren körpersprachlichen Bereichen unterschiedlich sensibel sind: »Arbeiten zwei Menschen am gleichen Arbeitsplatz zusammen, die unterschiedliche Sinneskanäle für Informationsaufnahme und -abgabe unbewußt bevorzugen, werden sie schon deswegen in ihrer Kommunikation Enttäuschungen und Mißverständnisse erleben. Sie bekommen nicht die Informationssignale, die sie ... als natürlich empfinden.« (S. 48.) Ebenso wichtig ist es, zu erkennen, daß Pauschaläußerungen wie »Sie/er ist nie freundlich zu mir« bei wechselseitigen Prozessen problematisch sind und mit dem Gegenstück »Ich bin nie freundlich zu ihr/ihm« konfrontiert werden sollten. Hierbei besteht aber oft eine Sperre, die zur Antwort führt: »Warum soll ich ihm gegenüber freundlich sein, wenn er es nicht ist?« (Tardy, S. 50.)

Ähnliche Überlegungen habe ich bereits früher angestellt. Jetzt wird zusätzlich deutlich, wie notwendig es sein kann, durch Körpersprache ausgelöste Gefühle auch zum Gegenstand eines verbalen Austausches zu machen. Angst, Wut, Ärger usw. als Reaktion auf die Art, wie man angesprochen, angeguckt oder angefaßt wird, sollen ausgesprochen werden. Tardy empfiehlt, das Verhalten der/des anderen, das diese Gefühle auslöst, zu beschreiben »statt zu verurteilen, und wenn möglich den eigenen Wunsch im Hinblick auf das Verhalten des Partners auszudrücken. Zum Beispiel: ›Ich habe Angst, wenn Sie so laut sprechen; ich möchte, daß Sie leiser mit mir reden.‹« (S. 49.)

In einer noch weit schwierigeren Situation sind Menschen als Empfänger von körpersprachlichen Botschaften, wenn diese im Widerspruch zu dem mit Worten Ausgedrücktem stehen und eine enge persönliche Verbindung mit dem Sprecher vorliegt. Ich erläutere diese Kommunikationsweise mit einem einschlägigen Beispiel aus der Forschung: »Eine Mutter sagt zu ihrem Kind: ›Komm auf meinen Schoß.‹ Sie macht diese Aufforderung in einem Ton und mit einer Körperhaltung, die anzeigen, daß sie es am liebsten hätte, das Kind solle ihr vom Leibe bleiben. Das Kind hat also zwei Mitteilungen erhalten: Komm mir nahe (1) und: Geh weg von mir (2). Eine kongruente Reaktion ist nicht möglich. Käme das Kind der Mutter nahe, so würde sie es abwehren, weil sie durch ihren Ton angezeigt hat, daß es fernbleiben soll. Hielte es sich fern, so wäre das der Mutter ebenfalls nicht recht, weil sie es doch schließlich zu sich gerufen hat. Das Kind kann also auf die inkongruenten Mitteilungen der Mutter nur in inkongruenter Weise reagieren: es wird zur Mutter hingehen und dieses Verhalten mit einer Äußerung qualifizieren, die ausdrückt, daß es nicht zu ihr hingegangen ist. Es wird z. B. auf ihren Schoß klettern und dabei sagen: ›Oh, was hast du für einen schönen Knopf am Kleid!‹ Auf diese Weise kann das Kind zu seiner Mutter gehen, während es zugleich leugnet, daß es zu ihr geht – schließlich ist es ja der Knopf, weswegen es auf ihren Schoß geklettert ist. Versuchte das Kind jedoch, eine Bemerkung über den Ton der Mutter oder ihre abweisende Körperhaltung zu machen, so bekäme es zur Antwort: ›Das bildest du dir nur ein, du weißt doch, wie sehr Mutti dich liebhat.‹« (Nach Goeppert, S. 143 ff.)

Das Kind in unserem Beispiel erhält von seiner Mutter eine doppelbödige Botschaft: was es auch macht, es ist falsch. Geht es nicht zur Mutter, verstößt es gegen den wortsprachlichen Befehl. Geht es zur Mutter, verstößt es gegen den körpersprachlichen Befehl, denn die Mutter macht es durch Stimme und Haltung für das Kind eigentlich emotional unmöglich, so ohne weiteres den Kontakt mit ihr aufzunehmen. Das widersprüchliche (›inkongruente‹, also in seinen Bestandteilen nicht übereinstimmende) Verhalten der Mutter bewirkt schließlich beim Kind eine zwiespältige Reaktion. Daß diese Kommunikationsweise bei starker Abhängigkeit eine hohe psychische Belastung darstellt, ist offensichtlich. So waren es auch psychiatrische Forschungen, die sich mit derartigen ›Verhaltenszwickmühlen‹, ›Beziehungsfallen‹ oder, wie die englische Bezeichnung lautet, ›double-bind-Situationen‹ beschäftigt haben. Sind die von seinen Bezugspersonen gesendeten Nachrichten ständig so verwirrend, weil der Empfänger nicht weiß, welchen Bestandteilen er glauben soll, besteht nach Meinung einiger Forscher die Gefahr der psychischen Erkrankung. Insbesondere Watzlawick ist durch die These von den ›verrückt machenden Doppelbindungen‹ bekannt geworden, wobei er dabei ausdrücklich auch das Auseinanderklaffen von ›digitalen‹ (sprachlichen) und ›analogen‹ (körpersprachlichen und stimmlichen) Botschaften im Auge hat.

Natürlich sind wir auch im ganz normalen Alltag oft verwirrenden Botschaften ausgesetzt, bei denen sich Sprache und Körpersprache gegenseitig widerlegen. Wir sind dann zwar ebenfalls in einer ›Zwickmühle‹, aber meist, ohne deswegen in eine psychische Dauerbelastung zu geraten. Oft können wir es ja auch riskieren, offen auszusprechen, daß wir eine Diskrepanz zwischen Gesagtem und Gemeintem empfinden. Das gleiche gilt in Gruppen, die aus therapeutischen Gründen zusammenarbeiten: »Kommunikationstherapeuten sind darin geübt, auf derartige Inkongruenzen zu achten und den Sender darauf aufmerksam zu machen (»Du sagst, Helmut, du seist sehr traurig – und lachst dabei?«). Oft fühlt sich der Angesprochene ertappt und getadelt und ›will es auch nicht wieder tun‹.« (Schulz von Thun, S. 37.) Hier spricht also der Therapeut mit dem Patienten (oder ein Gruppenmitglied mit einem anderen Teilnehmer) darüber, daß er eigentlich ein Verwirrspiel für die anderen anstellt und dadurch Schwierigkeiten schafft. Dieses Reden über die Kommunikation ist sicher vielfach recht heilsam. Doch muß man sich im klaren sein, daß solche Fähigkeiten und solcher Mut zur ›Metakommunikation‹ alles andere als selbstverständlich sind. Das Kind in unserem Beispiel – es steht ja für Menschen, die von Bezugspersonen abhängig sind und ihrer Situation nicht entfliehen können – kann mit der ›verrückten‹ Situation nicht auf diese Weise fertig werden.

Ich habe bisher von der Seite des Empfängers aus überlegt, in welche Situation ihn doppelbödige Botschaften bringen und ob er ihr entkommen kann oder nicht. Schulz von Thun (S. 39) fragt noch umgekehrt danach, »welch inneres Kuddelmuddel« den Sender eigentlich veranlaßt, »derartige Verwirrpakete zu produzieren«. Vielfach dann, so die Antwort, wenn der Sender »zwei Seelen in seiner Brust« und die Selbstklärung noch nicht geschafft hat: »Einerseits möchte er dieses, andererseits aber auch jenes, verschiedene Strebungen und Gefühle ziehen nicht am gleichen Strang... Sofern der Sender dieses Kuddelmuddel noch nicht sortiert hat, kann es geschehen, daß es unsortiert nach außen dringt. Die inkongruente Nachricht erweist sich so als Verschmelzungsprodukt aus zwei Botschaften.«

Mit inkongruenten Nachrichten tut man seiner Umgebung also manchmal allerhand an. Trotzdem wäre es eine utopische Forderung, von uns und anderen restlose Eindeutigkeit zu verlangen. Es wird immer Situationen geben, wo die Signale des sprachlichen und nichtsprachlichen Bereichs einfach nicht stimmig sein können, etwa, weil wir mit uns noch uneins sind oder uns äußere Zwänge ein Versteckspielen abverlangen. Keine Entschuldigung gibt es allerdings für ein solches Verhalten, wenn wir damit von uns abhängige Personen auf Dauer verunsichern. Als Beispiel möchte ich hier nochmals auf die Berufsrolle des Lehrers zurückgreifen, die bereits unter dem Gesichtspunkt des optimalen Einsatzes von Körpersprache behandelt wurde. Wie sind zum Beispiel ironische Äußerungen von der Art »Eine tolle Leistung!« (bei tadelndem Gesichtsausdruck) oder »Ihr seid ein disziplinloser Haufen!« (bei kameradschaftlich wirkender Körpersprache) zu bewerten?

Es war gerade die Körpersprachforschung, die darauf aufmerksam gemacht hat, daß solches Verhalten oft folgenreiche gestörte Kommunikation ist. Sicher ist im Einzelfall auch das Alter der Schüler zu beachten, aber generell gilt, daß Schüler ›auf Nummer Sicher‹ gehen und jeweils mit dem Schlimmeren rechnen: »Bei Kindern zeigte es sich, daß die Widersprüche meist so aufgelöst werden, daß das Schlimmste vermutet wird. Lehrerinnen, die lächelnd an einem Kind aus der Grundschule Kritik üben, mildern dadurch die Wirkung des verbalen Kontextes nicht ab – was bei Erwachsenen gelänge. Auch werden Ironie und Sarkasmus nicht immer als solche erkannt. Die Fähigkeiten, derart komplexe Mitteilungen zu entschlüsseln, entwickeln sich erst mit zunehmendem Alter der Schüler.« (Rosenbusch 1985, S. 50; vgl. auch 1986, S. 63.) Kinder sind bei der mündlichen Kommunikation natürlich genauso wie Erwachsene ganz stark auf das angewiesen, was sie sehen. Wegen ihrer abhängigen Lage und der erst in der Entwicklung begriffenen Interpretationsfähigkeit für körpersprachliche Signale kann aber doch das Gehörte den Ausschlag geben. (Für die Beachtung der Tonlage wurde ein interessanter Unterschied festgestellt: sie erwies sich für Kinder aus der Unterschicht als wichtiger als für Kinder aus der Mittelschicht – vgl. ebd.) Sicher ist, was Rosenbusch hieraus für den pädagogischen Bereich folgert, auch auf viele andere Berufsbereiche sowie auf das private Zusammenleben übertragbar: »Durch widersprüchliche kommunikative Mitteilungen werden Schüler sogar bis in höhere Altersstufen verwirrt und verunsichert. Aggressionen können entstehen. Für Lehrer... ist es daher unbedingt notwendig, auf Konvergenz und Eindeutigkeit verbaler und nonverbaler Mitteilungen zu achten. Lehrer, die den Unterricht dadurch beleben wollen, daß sie ohne Rücksicht auf den Entwicklungsstand der Schüler ›witzige‹, (selbst-)ironische oder sarkastische Bemerkungen einsetzen, verunsichern im allgemeinen die Schüler mehr, als daß sie eine heitere und gelöste Atmosphäre erzeugen.« (Ebd.)

1   Suchen Sie ein Beispiel für eine Botschaft ›mit doppeltem Boden‹, die durch einander widersprechende verbale und nichtverbale Zeichen zustande kam. Sie können dazu ihre Umgebung beobachten, aber genausogut die Literatur und den Film heranziehen. Vielleicht bestimmen Sie Ihr Beispiel dadurch genauer, daß Sie zeigen, ob der Widerspruch durch (a) den Tonfall, (b) die Mimik, (c) die Gestik oder (d) durch räumliches Verhalten (Zurücktreten, besondere Nähe usw.) verursacht ist. Als Anregung hier ein literarisches Beispiel mit einem Kommentar von Schulz von Thun (S. 37):

»Wir werden uns freuen, Sie zu sehen«, sagte die Fürstin trocken. Der kühle Ton, in dem ihre Mutter sprach, berührte Kitty peinlich, und sie konnte nicht umhin, wieder gutzumachen, was er etwa verdorben haben mochte. Sie wandte den Kopf um und sagte lächelnd: »Auf Wiedersehen!« – So ergeht es dem jungen Ljewin in Tolstois ›Anna Karenina‹. Natürlich ist ihm bewußt, daß der sprachliche Inhalt der Nachricht (»Wir werden uns freuen…«) den artigen Gepflogenheiten des Umgangs unter Adeligen Genüge tut, hingegen die ›eigentliche‹ Botschaft stets nur dem Tonfall entnommen werden kann.

2   Versuchen Sie an sich selbst festzustellen, ob Sie manchmal in Situationen kommen, in denen Sie in sich widersprüchliche Botschaften senden. Was sagen Sie da? Und wie fühlen Sie sich? Wie reagieren Sie körperlich (Stimme, Mimik, Gestik, Haltung)?

3   Sie lesen im folgenden in einem Text von Schulz von Thun (S. 41 ff.), wie Psychotherapeuten aus der Schule von Fritz Perls (›Gestalttherapie‹) arbeiten, um Selbstklärungen herbeizuführen, wenn jemand ›zwei Seelen in der Brust‹ verspürt. Die Methode mit den zwei Stühlen als gestalttherapeutische Dialogtechnik könnten Sie vielleicht für sich selbst bei einem Beispiel zu Übung 2 versuchen – zumindest in Gedanken.

»Im Umgang mit den zwei Seelen in der Brust geht die Gestalttherapie … eindrucksvoll vor: Der Sender führt einen inneren Dialog auf zwei Stühlen. Abwechselnd setzt er sich bald auf den einen, bald auf den anderen Stuhl und läßt die beiden Instanzen, die er in sich spürt, wechselseitig sprechen und miteinander einen Dialog führen… Durch einen solchen Dialog, der nicht selten mit starker emotionaler Heftigkeit geführt wird, wird der Sender sich bewußt, daß tatsächlich beide Seelen in seiner Brust wohnen, zu ihm gehören – und er kann sie getrennt wahrnehmen und nicht in der diffusen Verschmolzenheit wie zuvor. Nach einer solchen Selbstklärung kann der Sender kongruenter kommunizieren, indem er statt nur einer jetzt zwei Botschaften getrennt sendet… Seine beiden Botschaften derart klar vor Augen, kann der Sender nun auch besser entscheiden, welche Konsequenzen er aus diesem Konflikt ziehen will. Nun weiß auch der Empfänger, woran er ist.«

4

INTERKULTURELLE BEGEGNUNG

UND

KÖRPERSPRACHE

In unserem Alltag verwenden wir zahlreiche gestische und mimische Zeichen an Stelle von Wörtern. Diese symbolischen Zeichen oder ›Embleme‹, wie sie eingangs genannt wurden, fallen unter einen sehr weit gefaßten Begriff von Körpersprache; nicht auf sie, sondern auf spontane ›Anzeichen‹ richtet sich das Hauptinteresse, wenn sich jemand mit nichtsprachlicher Kommunikation beschäftigen will.

Aber auch die Verständigung mit Emblemen ist ein interessantes Problem – besonders dann, wenn sie nicht funktioniert. Zwischen Sprechern verschiedener Kulturkreise kommen solche Abbrüche der Kommunikation häufig vor.

Die gleiche Geste kann ja Verschiedenes bedeuten, verschiedene Gesten das gleiche! Obwohl das eine bekannte Tatsache ist, lohnt sich eine nähere Beschäftigung damit. Folgendes Beispiel von Apeltauer (S. 140) zeigt, wie wir bei interkulturellen Begegnungen in regelrechte Wahrnehmungsschwierigkeiten geraten können:

»Ein Reisender kommt nach einer Nachtfahrt auf dem Busbahnhof in Istanbul an. Er sucht nach einem Bus, der zum Flughafen fährt. Der erste Busfahrer, den er fragt, nickt bedächtig mit dem Kopf. Zufrieden steigt er ein. Ihm wird jedoch durch die übrigen Mitreisenden bedeutet, daß der Bus nicht zum Flughafen fährt. Zu müde, um sich über den Fahrer zu ärgern, steigt er aus und versucht sein Glück noch einige Male in anderen Bussen, immer mit dem gleichen Erfolg. Schließlich fährt er mit einem Taxi. – Was unser Reisender als ›ja‹ deutete, hat tatsächlich mit unserem bestätigenden Kopfnicken eine gewisse Ähnlichkeit. Es ist die in der Türkei (aber auch in Griechenland und Süditalien) gebräuchliche Verneinungsgeste, die durch eine Aufwärtsbewegung des Kopfes eingeleitet wird, worauf dann das mit unserer Bestätigungsgeste identische Absenken des Kopfes folgt... Die Differenz ist also minimal und kann bei Unkenntnis leicht übersehen werden. Tatsächlich kannte der Reisende die Geste. Daß er sie dennoch falsch interpretierte, läßt sich mit Müdigkeit, aber auch mit kulturspezifischen Wahrnehmungs- und Deutungsgewohnheiten erklären.«

Aus dem Beispiel ergibt sich, daß es sehr ungenau ist, zu sagen: bei uns bedeutet Kopfnicken ›ja‹, in Teilen des Mittelmeerraums und der Türkei dagegen ›nein‹. Es liegen tatsächlich verschiedene Embleme vor, wobei bei dem häufig ›griechisches Nein‹ genannten Zeichen das Kopfhochwerfen ein entscheidendes und im Vergleich zu unserem Kopfnicken neues Element ist (vgl. dazu Abb. 34 nach Morris 1978, S. 69). Der Reisende, von dem oben erzählt wird, reagiert aber trotz seiner Vorkenntnisse über diese kulturell begründeten Unterschiede nur auf das, was er gewohnt ist. Er holt aus der Gesamtbewegung offenbar den Anteil des Nickens heraus, während er das Hochwerfen des Kopfes aus-

Abb. 34
Kopfhochwerfen beim ›griechischen Nein‹

blendet. (Daß dieses aus guten Gründen in die ›griechische‹ Verneinung eingegangen ist, erläutert Morris: »Versuchen Eltern, ein kleines Kind, das nicht hungrig ist, mit dem Löffel zu füttern, kann dies zu einem ähnlichen Hochwerfen des Kopfes führen, und es ist leicht zu erkennen, wie sich daraus eine verneinende Geste bei Erwachsenen entwickeln konnte.« (1986, S. 123 ff.)

Sicher gibt es auch exakt gleiche Gesten, die aber in verschiedenen Kulturkreisen unterschiedliche Bedeutung haben, und umgekehrt unterschiedliche Gesten mit gleicher Bedeutung. Abb. 35 (nach Apeltauer S. 142 f.; Johnson, S. 4 f.) bringt je ein Beispiel.

Insgesamt machen aber sicher nicht die Unterschiede in den Emblemen die entscheidenden Schwierigkeiten bei der interkulturellen Kommunikation aus. Meist bewirken hier schon ein paar Informationen, daß man auf die wichtigen Dinge achtet und mit ihnen fertig

japanisch »Ich«,
arabisch »Ich werde das tun, worum du mich bittest«.

Unterschiedliche Gesten mit gleicher Bedeutung:
japanisch und arabisch »Ich bedauere«

Abb. 35
Gleiche Geste mit unterschiedlicher Bedeutung

wird. Handelt es sich dagegen um Unterschiede im Kommunikationsstil, so ist dies schwer zu kontrollieren, und es gehen davon oft tiefgreifende emotionale Wirkungen aus. Auch kann es zu einem ersten Eindruck über den Gesprächspartner kommen, der negativ ist und an dem unbedacht festgehalten wird. Dazu zwei Beispiele aus den USA.

Scheflen (vgl. S. 101) beobachtet, daß unterschiedliche Gewohnheiten in der Wahl des räumlichen Abstandes zwischen Angehörigen zweier Kulturen Gefühle verletzen und zu gegenseitigen Abwertungen führen können. Auch wenn in den USA alle englisch sprechen, ist die Verständigung bei unterschiedlicher Herkunft wegen verschiedenen Raumverhaltens u. U. problematisch. Weiße Angloamerikaner stehen in Gegenüber-Situationen etwas über einen Meter auseinander, jüdische Amerikaner dagegen wählen die bequeme Berührungsreichweite. Ein Nichtjude könnte vor einem sich so verhaltenden Juden zurückweichen oder sich vielleicht zusätzlich noch abweisend zurücklehnen und womöglich denken: »Diese Juden sind aggressiv, zudringlich, anmaßend usw.‹ Und sein jüdisches Gegenüber könnte sich zurückgewiesen gefühlt haben und bei sich denken: ›Weiße Angloamerikaner sind doch kalt, distanziert, unfreundlich und voller Vorurteile.‹« (Ebd.) Nun studiert Scheflen eine solche Begegnung bei Freunden, die an solche Situationen gewöhnt sind. Auch hier stellt sich noch die Reaktion des Zurückweichens ein, wird aber rasch durch ein Nähertreten, ja sogar Anstupsen korrigiert.

Ein weiteres Beispiel von Scheflen (vgl. S. 102) betrifft das Blickverhalten, bei dem in den USA u. U. erhebliche Unterschiede bestehen zwischen Mittelschicht-Amerikanern einerseits und Schwarzen andererseits: »Männliche Schwarze blicken sich während einer

Interaktion nicht so oft ins Gesicht wie weiße männliche Mittelklassenangehörige. Einem anderen ins Auge zu blicken, gilt in ihrer Kultur als unhöflich.« (Ebd.) Auch gegenüber Weißen behalten Schwarze diese Gewohnheit oft bei und schränken den Blick ins Gesicht ein. Bei Weißen kann sich daraus die sensible Reaktion ergeben, ebenfalls in Momenten den Blick zu senken, wo sie einen weißen Partner anschauen würden. Diese Verhaltensweisen verschwinden allerdings zur Zeit allmählich. Wo sie noch auftreten, führen sie aber zu irritierenden Bewertungen: »Im allgemeinen deuten Weiße Blickvermeidung als Scham, Ausweichen oder Unterwerfung, während Schwarze es als Geringschätzung oder Konfrontation deuten, wenn ihnen Mittelklassenangehörige ins Gesicht blicken.« (Ebd.)

Die Kommunikation zwischen Menschen verschiedener Kulturen wurde unter dem Aspekt ihrer Körpersprache auch weltweit untersucht. Dabei spielen die schon in den beiden vorherigen Beispielen genannten Bereiche Raumverhalten und Blickverhalten die Hauptrolle. Was den Abstand betrifft, hat man bemerkt, daß Araber so nahe an Amerikaner und Europäer herangehen, daß diese zurückweichen. Dies führt aber u. U. dazu, daß sie nochmals nachsetzen (vgl. Argyle, S. 98). Bei der außerordentlichen Nähe, in der in ihrem Kulturkreis Begrüßung und Gespräch erfolgen, verwundert dies freilich nicht. Geht Nähe in Berührung über, sind Engländer, wie Argyle beobachtet, erstaunt, »wenn sie italienische Jugendliche sich die Hände halten sehen, oder sie sind erschrocken, wenn Araber oder Afrikaner sie berühren« (ebd.). Andererseits sind Südländer, beispielsweise Griechen, in England »verwirrt, weil man sie in der Öffentlichkeit nicht erstaunt anblickt, und sie fühlen sich dabei ignoriert« (ebd.). Der besondere Gesichtsausdruck von Japanern kann zwischen uns und ihnen zum Problem werden: er ist, wie ich schon an anderer Stelle angesprochen habe, sehr beherrscht, und zusätzlich erfolgt unerwartetes Lächeln oder Lachen (vgl. ebd., S. 97). Merkwürdig ist für nichtjapanische Partner auch ein Verhalten in peinlichen Situationen. Wo ein Europäer oder Amerikaner nach einer unbedachten Äußerung schamvoll die Augen niederschlagen würde, kann der Japaner mit

1   Sie haben an einer Reihe von Beispielen kennengelernt, welche Rolle die Körpersprache bei der ›interkulturellen Kommunikation‹ spielt. Überlegen Sie nun bitte auch, in welche Situationen bei uns lebende Ausländer durch ihre körpersprachlichen Gewohnheiten kommen können. (So gilt für das Herkunftsland Türkei, daß auch dort eine geringere ›Minimaldistanz‹ bei Gesprächen eingenommen wird und daß Frauen und Mädchen vor Männern in der Öffentlichkeit den Blick senken sollen und natürlich dann auch im Gespräch den Blickkontakt meiden.)

2   Bei manchen der bei uns lebenden Ausländern konnten Sie vielleicht ein anderes Verhältnis zwischen Frau und Mann feststellen, als es bei uns üblich ist. Wie drückt sich dies körpersprachlich aus? Sehen Sie auch Folgen, die diese körpersprachlichen Gewohnheiten bei interkulturellen Beziehungen zwischen Frauen und Männern mit sich bringen können?

der Hand vor dem Mund die Augen aufreißen, wohl, um genau nach der ausgelösten Reaktion zu sehen. Es gibt also genug Beispiele – und diese Reihe ließe sich beliebig ergänzen –, die zeigen, daß viele Signale, die wir für spontan entstehend und deshalb für allgemeingültig halten möchten, doch kulturell geprägt sind und daß solches Anderssein leicht Befremden auslösen kann.

3 Die Bereitschaft von Menschen aus verschiedenen Kulturen, sich zu verständigen, reicht oft nicht aus. Bei fehlendem Wissen, gerade auch über nonverbales Verhalten, sind leicht Verstimmungen möglich. Lesen Sie dazu das folgende Beispiel von Apeltauer (S. 141). Haben Sie selbst ähnliche Erfahrungen gemacht oder von solchen gehört? Wie könnte ein Gespräch der beiden Personen in dem zitierten Beispiel das Mißverständnis auflösen?

»Ein Engländer sitzt als Gast in einer türkischen Wohnung einem ihm fremden türkischen Jungen gegenüber. Vor ihnen auf dem Tisch steht eine Schale mit Äpfeln. Plötzlich beugt sich der Junge nach vorne, deutet mit einer Hand auf einen Apfel und sagt mit barschem Ton: ›Eat! Eat!‹ Diese Form der Aufforderung ist in der Türkei durchaus gebräuchlich und keineswegs unfreundlich gemeint ... Wenn ein Gast einer Aufforderung nämlich nicht nachkommt, wird die Wiederholung eben verbindlicher, drängender. Man kann doch einen Gast nicht hungrig gehen lassen, oder?«

5

ZUSAMMENFASSUNGEN UND GRUNDSÄTZE FÜR EINEN BEWUSSTEN UMGANG MIT KÖRPERSPRACHE (2)

Nachdem ich in Teil I dieses Buches ganz allgemein Zugänge zur Körpersprache gezeigt hatte, ging es im zweiten Abschnitt um Anwendung und Vertiefung. Ich wählte dazu vier grundlegend wichtige Gebiete unserer Kommunikation aus. Natürlich ließen sich solche Anwendungen auf eine Reihe weiterer Gebiete ausdehnen:

■ So auf das Gebiet ›Mensch – Tier‹. Darauf stieß ich bereits gelegentlich, wenn es um die Herkunft mancher Gefühlsäußerungen ging. Mimische Verhaltensweisen, die mit den unseren in Zusammenhang stehen, finden sich ja reichlich bei den Primaten. Ihre Bedeutung muß aber jeweils aus der Beobachtung erschlossen werden, und dann zeigt sich zum Beispiel, daß das Grinsen eines Schimpansen mit unserem Lächeln keineswegs vergleichbar ist, sondern als Drohgeste eingesetzt wird (vgl. Ellgring, S. 22). Für die Erklärung von Formen des Lachens bleibt aber der Gesichtspunkt der Evolution wichtig. Manche könnten auf das spielerische Beißen der Säugetiere und das Entblößen der Zähne dabei zurückzuführen sein. Das freundlich-gewinnende Lächeln leiten Verhaltensforscher von einem ›Furchtgrinsen‹ ab, wie es in Verlegenheitssituationen tatsächlich auch beim Menschen noch ungewollt als Relikt auftreten kann und dann leicht (zum Beispiel als besondere Unverfrorenheit) fehlinterpretiert wird.

■ Ebenso interessant, wie solche evolutionären Betrachtungen anzustellen, wäre es, der Psychologie der Beziehungen Mensch – Tier (Mensch – Hund, usw.) nachzugehen. Man käme hier in das Feld einer Kommunikation, die ausschließlich über ›analoge‹ Zeichen läuft und in der auch manche meiner vorherigen Feststellungen zum Raumverhalten beziehungsweise zum ›Territorium‹ wieder aufgegriffen werden könnten.

■ Ein ganz anderes Anwendungsgebiet für die bisher erarbeiteten Kenntnisse wären die Massenmedien, zum Beispiel die Werbung. Zweifellos erregt sie durch Schlüsselreize oft ganz automatisch unser Interesse. Man denke aber auch daran, daß Werbebilder gerne überholte gesellschaftliche Erwartungen gegenüber Frau und Mann benutzen und verstärken, und zwar durch eine überzeichnete und dadurch besonders eingängige Körpersprache.

Ich verzichte hier auf genauere Ausführungen dazu und breche die Liste möglicher ›Anwendungsgebiete‹ hier ab. Es sollten damit lediglich Andeutungen gemacht werden, die dazu ermutigen, selbst einige der zahlreichen Gebiete zu entdecken, für deren Verständnis es sich empfiehlt, auch speziell auf die Körpersprache zu schauen. Jetzt, am Ende von Teil II dieses Buches, sei aber ähnlich wie am Ende von Teil I (vgl. S. 102–116) der Versuch gemacht, in einigen Grundsätzen das Wichtigste für einen bewußten Umgang mit Körpersprache zusammenzufassen.

Die Tatsache, daß heute – vor allem zu beruflichen Zwecken – Trainingsprogramme für verbesserte Körpersprache angeboten werden, veranlaßte zu der Frage: Kann man Körpersprache lehren und bewußt lernen? Abgelehnt werden mußten Versuche, Methoden zu finden, mit denen man in seinem Ausdruck etwas verdecken oder vorspiegeln kann. Theoretisches Wissen über Körpersprache so einzusetzen, hieße, unsere über eine lange Zeit der Entwicklung gewachsenen Verhaltensgewohnheiten in gefährlicher Weise zu manipulieren. Verlust der Echtheit wäre die Folge. Durchaus positiv wirkt es sich aber aus, wenn wir unsere entsprechenden Kenntnisse und eine verfeinerte Beobachtungsfähigkeit zu einer Verbesserung des Kommunikationsablaufs verwenden. Das heißt zum ersten, Wirkungen unserer Worte, Haltungen und Bewegungen auf unsere Partner genauer einzuschätzen sowie zum zweiten, auch die auf uns zukommenden Botschaften besser zu verstehen, indem wir im Blick auf ihre ›Sender‹ feststellen, welche Absichten sie mit ihnen verfolgen. Weiterhin ist ein Trainieren körpersprachlicher Verhaltensweisen in der Richtung sinnvoll, daß der einzelne für die Handlungen, die der Beruf von ihm verlangt, möglichst sein gesamtes Ausdrucksrepertoire zum Einsatz bringt. Dies konnte an professionellen Aufgaben des Lehrers illustriert werden. Diese Aufgaben lassen es nicht zu, daß der Lehrer durch Barrieren und Unklarheiten Schüler verunsichert; es ist umgekehrt von ihm zu verlangen, durch ›Enthusiasmus‹ zu wirken; hierbei braucht er aber den optimalen Einsatz aller körpersprachlichen Bereiche und sollte sich diesen auch ganz bewußt abverlangen.

Grundsätzlich läßt sich also sagen:

1 *Ein Trainieren der Körpersprache kann nicht auf das Nachahmen von vorbildlichen Mustern abzielen; diese würden schwerlich zur jeweiligen Persönlichkeit passen und auch nicht situationsadäquat sein können. Es richtet sich vielmehr auf das bessere Verstehen der Absichten von Kommunikationspartnern und auf die Fähigkeit, die Reaktionen einzuschätzen, die man durch sein eigenes Verhalten auslöst. Zur Erfüllung beruflicher Anforderungen kann es gehören, sich sowohl in der Wahrnehmung der Menschen zu üben, mit denen man zu tun hat, als auch in einem nichtverbalen Ausdruck, der den jeweiligen Aufgaben angemessen ist und dabei mit Stimme, Blick-Kontakt, Mimik, Gestik, Körperhaltung und Bewegung im Raum abwechslungsreich umgeht.*

In der allgemeinen Beschreibung der Körpersprache im ersten Teil des Buches und in den Beispielen des zweiten Teiles wurde deutlich, daß unser Ausdrucksverhalten gleichzeitig Steuerung von Sozialverhalten ist. Es regelt zwischenmenschliche Beziehungen auch unter den Aspekten der Gleichrangigkeit, Unterordnung und Überordnung beziehungsweise sonstiger Macht- und Kompetenzunterschiede. Ausdruck von übergeordneter Rolle und Macht ist vielfach auch die ›männliche‹ Körpersprache gegenüber der ›weiblichen‹. Mit der Analyse dieser Unterschiede und ihrer gesellschaftlichen Ursachen habe ich die Hoffnung verbunden, daß die bewußte Wahrnehmung geschlechtstypischer Körpersprache und das Gespräch über die damit verbundenen Ungerechtigkeiten einen Beitrag zur Überwindung noch bestehender Ungleichbehandlung leisten können.

Kurz als Grundsatz formuliert:

2 *Körpersprache ist auch ein Mittel, um Gleichrangigkeit beziehungsweise Ungleichheit und Macht auszudrücken und aufrechtzuerhalten. Von Frauen erwartet man oft noch geschlechtstypische körpersprachliche Verhaltensweisen, mit denen sie auf einen untergeordneten Rang verwiesen werden können.*

Sprache und Körpersprache basieren, so wurde hier mehrfach deutlich, auf sehr unterschiedlichen Zeichenarten: auf (überwiegend) ›digitalen‹ beziehungsweise auf (überwiegend) ›analogen‹. Sie können sich gut ergänzen, indem die Sprache (u. U. sehr komplizierte) Inhalte übermittelt und die Körpersprache zum Ausdruck bringt, welche Bedeutung diese Inhalte für die Beziehung der Gesprächspartner haben. Es ist möglich, daß sich die Botschaften der ›Inhaltsebene‹ und der ›Beziehungsebene‹ widersprechen. Die Adressaten geraten dadurch u. U. in ›Zwickmühlen‹. Eine Aussprache darüber und auch über die Ursachen des widersprüchlichen Senderverhaltens ist schwierig. Die Fähigkeit zu solcher ›Metakommunikation‹ sollte aber gezielt entwickelt und eingesetzt werden. Die Analyse solcher Konfliktsituationen beinhaltet den Appell an sich selbst, sich um eindeutige Körpersprache und um Einklang von Sprache und Körpersprache zu bemühen. Mit dem Mittel der Ironie sollte man möglichst sparsam umgehen; bei unzureichendem Entwicklungsstand der Adressaten müßte am besten ganz darauf verzichtet werden.

Grundsätzlich ist also die große Komplexität unserer Botschaften zu beachten:

3 *Bei unseren Äußerungen können sprachliche und körpersprachliche Mittel zusammenspielen, aber auch in Widerspruch treten. Werden widersprüchliche Botschaften für eine Beziehung belastend, sollte ein Gespräch über Ursachen und Wirkungen erfolgen. Die Fähigkeit zu solcher ›Metakommunikation‹ gilt es gezielt zu entwickeln.*

Bei vielen meiner Aussagen über die Bedeutung körpersprachlicher Zeichen ging ich auf kulturell bedingte Unterschiede ein. In den einzelnen Kulturen gibt es nicht nur ein jeweils anderes Repertoire an Emblemen, sondern auch je eigene ›Darbietungsregeln‹ für grundlegende Gefühle sowie sehr verschiedene Gewohnheiten bezüglich der ›Minimaldistanz‹, des Blickverhaltens und dergleichen. Unsere kulturspezifischen Verhaltens-, Wahrnehmungs- und Deutungsgewohnheiten sollten uns bei interkulturellen Begegnungen bewußt sein. Dies schließt nicht aus, daß störende Reaktionen entstehen, kann aber für Selbstkritik und Gespräche hilfreich sein; hier werden von beiden Seiten aus Verstimmungen und Vorurteile abgebaut und Verhaltensänderungen angebahnt. So erfährt die Beschäftigung mit Körpersprache eine ihrer Rechtfertigungen auch aus den Notwendigkeiten und Chancen multikulturellen Zusammenlebens.

Ein Grundsatz dazu könnte lauten:

4 *Durch fehlendes Wissen über kulturspezifisches nichtsprachliches Verhalten können bei Begegnungen leicht unerklärliche Verstimmungen entstehen. Ein Schwerpunkt der Beschäftigung mit Körpersprache sollte es deshalb sein, sich der kulturellen Voraussetzungen des eigenen wie des fremden Verhaltens besser bewußt zu werden.*

Die drei letzten Grundsätze zielten immer auch darauf ab, mit Partnerinnen und Partnern über Körpersprache zu sprechen, und zwar nicht allgemein wissenschaftlich, sondern auf die Verbesserung der gemeinsamen Kommunikationssituation bezogen. Solche ›Metakommunikation‹ setzt Mut voraus und die Fähigkeit, eigene Gefühle sowie die am anderen beobachtete Körpersprache in Worte zu fassen. (Ein Formulierungsbeispiel in Teil II/3. Kapitel war: »Ich habe Angst, wenn Sie so laut sprechen; ich möchte, daß Sie leiser mit mir reden.«) Wenn man über die Körpersprache anderer Personen redet, ist es eine große Gefahr, daß man vorschnell eine Deutung festschreibt. Dies wirkt verletzend und vermindert die Bereitschaft, die Situation zu verbessern. Gleichzeitig ignoriert eine solche Bedeutungsfestschreibung, daß das Verstehen ›analoger‹ Zeichen notwendigerweise stark von unserer Lebensgeschichte und von unseren Erwartungen abhängt. Um einen fruchtbaren Dialog zu ermöglichen, sollte deshalb schon von den Formulierungen her das subjektive Moment betont werden. (Etwa in ›Ich-Aussagen‹, die noch keine Entscheidung darüber vorwegnehmen, ob eine eigene Deutung des Ausdrucksverhaltens zutreffend ist. Beispiele: »Dieses ... wirkt auf mich ...«; »Du kommst mir so ... vor, deute ich deine Miene da richtig?«)

Für ›metakommunikative‹ Ziele wäre also vor allem festzuhalten:

5 *Wenn die Teilnehmerinnen und Teilnehmer an Partner- und Gruppengesprächen über die Körpersprache von einzelnen reden, sollten sie deren Wirkung auf sie selbst beschreiben. Über ausgelöste Gefühle zu sprechen und Wünsche an andere bezüglich ihres Verhaltens zu äußern, fördert den Dialog.*

AUSBLICK

Meine Darstellung der Körpersprache als einem wesentlichen Schlüssel zum Verhalten bezog sich oft auf
die aktuelle Forschung. Vieles wurde freilich nur angedeutet, manches, was heute in der Wissenschaft von
der nichtverbalen Kommunikation aktuell ist, noch gar
nicht berührt. Ein kleiner Ausblick am Schluß gibt deswegen einige weiterführende Hinweise.

Sehr interessant sind die Forschungen mit dem pons-
Test (Abkürzung für profile of nonverbal sensitivity). Er
wurde von Rosenthal und anderen amerikanischen
Psychologinnen und Psychologen entwickelt. Ausgangspunkt war die Tatsache, daß nicht jeder Körpersprache gleich wirkungsvoll einsetzen und gleich gut
entschlüsseln kann und man über diese Unterschiede
Genaueres wissen wollte. Gleichzeitig dient der Test
dazu, Lernprogramme vorzubereiten und zu überprüfen, durch die sich die Sensibilität für nichtsprachliche
Kommunikation erhöhen läßt. Solche Versuche, die
Leistungsfähigkeit von Menschen im Beruf von der Fähigkeit her zu bestimmen, nichtsprachliche Signale zu
senden und zu empfangen, haben Sie in Teil II/1. Kapitel kennengelernt. Tatsächlich wurden sie auch schon
in Deutschland mit Hilfe des pons-Tests entwickelt und
überprüft. Die Versuchspersonen müssen hierbei 220
kurze Filmszenen mit einem standardisierten Antwort-

bogen deuten, wobei sie jeweils verschiedene Signal-
bereiche (Stimme, Gesicht, Körper) sehen und/oder
hören.

Hier einige allgemeine Ergebnisse:

- Die Verstehensfähigkeit für nonverbale Signale erreicht zwischen 20 und 30 Jahren ein je individuel-
  les Niveau. Es gibt aber auch einen ›Rückschritt‹:
  Kleinere Kinder können Klangunterschiede in der
  Regel besser erkennen als größere.

- Im Zusammenhang von Teil II/3. Kapitel gibt es wiederum zu denken, daß 80% der Frauen verschiedener Altersstufen besser als Männer abschneiden. Besonders deutlich ist der Unterschied, wenn es um
  das Erkennen negativer Gefühle geht und um die
  Beurteilung von reiner, nicht durch Sprache beglei-
  teter nonverbaler Kommunikation. Liegen die Ursachen darin, daß Frauen in einer abhängigen Position
  besonders auf nonverbale Signale zu achten lernen,
  weil sie sich nach den Gefühlen der dominanten
  Männer richten? Verstärkt der Umgang mit Säuglin-
  gen und Kleinkindern die Sensibilität für Botschaften
  des Körpers?

- Für Menschen in Berufen, in denen Körpersprache
  wichtig ist, ergibt sich folgende Rangfolge bezüglich
  der im Test gemessenen Sensibilität: Schauspieler,
  Fachleute im Wissenschaftsbereich Körpersprache,
  Studierende der bildenden Künste, Mediziner, Lehrer und Geschäftsleute.

- Das Arbeiten mit dem Test ist nicht in allen Kulturkreisen in gleicher Weise möglich. Es bestätigt aber,
  daß die Ausdrucksformen des Menschen sowohl
  einen ›universellen‹ Ursprung haben (betont und er-
  forscht von Darwin, Ekman, Eibl-Eibesfeldt und anderen) als auch einen kulturellen (betont und er-
  forscht zum Beispiel von Birdwhistell).

Das wichtige Gesamtergebnis der Forschung mit diesem Test ist sicher dies: Im allgemeinen Bewußtsein bedeutet Kommunikationsfähigkeit den geschickten Gebrauch der Sprache, doch zeigt sich, daß zu dieser Fähigkeit das Umgehenkönnen mit Körpersprache zentral dazugehört.

Ein ganz anderes Forschungsfeld, das ebenfalls in letzter Zeit sehr wichtig geworden ist, bezieht sich auf die Unterschiedlichkeit unserer Gehirn- und Körperhälften. Die rechte Gehirnhälfte ist für ganzheitliche Vorstellungen und Gefühle zuständig, die linke für logisches Denken und Sprache. Die rechte verarbeitet damit gleichzeitig Informationen, erfaßt zum Beispiel das ganze Gesicht und erkennt Ähnlichkeiten. Die linke geht nicht in dieser Weise ›analog‹ vor, sondern arbeitet ›digital‹, also begrifflich genau und registriert Einzelheiten (eine Falte zum Beispiel). Man kann den Unterschied auch mit dem Gegensatzpaar fassen: Empfindungen und Kreativität einerseits, rationales Denken und Analyse andererseits. Die rechte Gehirnhälfte beeinflußt die linke Körperseite und umgekehrt. Man spricht deshalb von der linken Hand als der ›Gefühlshand‹. Da aber auch die Steuerung des mimischen Ausdrucks eher auf der rechten Gehirnseite erfolgt, erscheint der Gefühlsausdruck auf der linken Gesichtsseite stärker; ist der Ausdruck nicht wirklich emotional, sondern willentlich von der linken Gehirnhälfte gesteuert, kann das zu Erscheinungen wie einem unsymmetrischen ›falschen‹ Lächeln führen (vgl. Ellgring, S. 22). (Natürlich sind bei Linkshändern die Verhältnisse jeweils umgekehrt.)

Die Anwendung dieser Einsichten aus der Gehirnforschung geht aber über die Beachtung von mehr gefühlsmäßig beziehungsweise mehr verstandesmäßig bestimmten Körperseiten hinaus. Sie werden nämlich auch auf die Blickrichtungen bezogen. Man untersucht, inwieweit sie von der gerade bestimmenden Gehirnhälfte beeinflußt sind und von ihr dann wegweisen. Daß die Tätigkeiten des Überlegens und der Sprechvorbereitung zu Blickabwendungen führen, ist Ihnen aus dem Unterkapitel 3.3 ›Blickverhalten‹ bekannt. Man kann aber noch weiter gehen und vermuten, daß die Abwendung bei sprachlichen Anforderungen wegen des links sitzenden Sprachzentrums nach rechts gehen müßte, während bei anschaulich-räumlichen Aufgaben die ganzheitlich arbeitende rechte Gehirnhälfte zu einer Bewegung nach links veranlaßt (vgl. ebd., S. 29). Aufgrund von Erfahrungen in einer Therapieform, die bildliche Vorstellungen fördert, will man aus der Richtung der Augenbewegungen noch differenziertere Schlüsse ziehen: Die Denkrichtung ›Erinnerung‹ (verbunden mit Gefühlen) bedeutet Blickrichtung links, die Denkrichtung ›Vorstellung‹ (verbunden mit der Anwendung von sprachlichen und logischen Regeln) Blickrichtung rechts. Zusätzlich will man auf die Art der Erinnerungen und Vorstellungen schließen: sind sie visuell (oben), akustisch (Mitte) oder körperlich-bewegungsmäßig (unten)? Erinnerungen lenken danach den Blick nach links, und zwar nach oben, wenn sie visueller Natur sind (es fallen einem zum Beispiel ›Bilder‹ aus dem Urlaub ein), und waagrecht, wenn sie akustischer Natur sind. (Der Blick nach links unten soll u. a. bei Verständigungsschwierigkeiten erfolgen.) Beim Blick nach rechts geht es um Vorstellungen und gedankliche Konstruktionen. Sind diese visueller Natur, richtet sich die Rechtsbewegung nach oben, sind sie akustischer Natur, dann verbleiben sie waagrecht. (Der Blick nach rechts unten soll u. a. bei starker Gefühlsbetontheit erfolgen.) Nun ist das zweifellos ein gerne diskutiertes Kapitel der Körpersprach-

beziehungsweise Therapieforschung. Vielleicht sollte man aber von der Umstrittenheit der amerikanischen Autoren (die in den USA bekannter ist als bei uns) wissen. Jedenfalls: Die Anwendung ist von der Beobachtung her schwierig und setzt sicher längeres eigenes Experimentieren voraus. Auch sind nicht nur die spiegelverkehrten Verhältnisse beim Linkshänder zu beachten, sondern zudem einige einschränkende Forschungsergebnisse, die noch sehr zur Vorsicht raten lassen (vgl. ebd.).

Wer Kenntnisse aus der Körpersprachforschung erworben hat, wird wohl aufmerksam darauf schauen, wie diese zu kommerziellen und politischen Zwecken verwendet werden. Auch dazu zwei Hinweise:

■ Der Fachmann für Körpersprache kann überprüfen, wie bestimmte Werbedarstellungen auf Konsumenten wirken. Auf die Möglichkeit, zum Beispiel Pupillenerweiterungen bei emotionaler Zustimmung zu messen, habe ich schon einmal hingewiesen. Naheliegend von seiten der Wirtschaft ist es auch, sich Einsichten darüber zunutze zu machen, daß etwa Werbeposter Irritationen hervorrufen, wenn die Körpersignale der dargestellten Personen widersprüchlich sind.

■ Daß sich Politiker rhetorisch schulen lassen und dabei auch an ihrer Körpersprache arbeiten, ist sicher legitim. Sie müssen sich dabei aber die Frage gefallen lassen, ob ihr Ausdruck auch ihrer Einstellung entspricht oder ob sie nur Bewegungen, Haltungen und stimmliche Verhaltensweisen nachahmen, die sie gar nicht in ihre Persönlichkeit integrieren können. Vieles auf diesem Gebiet wird man mit kritischem Interesse verfolgen müssen. (Das gilt auch für die Wiedergabe aufgezeichneter Reden. Hier läßt sich mit technischen Mitteln die Stimmfrequenz herauf- oder herabsetzen; dies führt beim Hörer zu stark veränderter emotionaler Wirkung!)

Eine Schlußbemerkung noch nach diesem Ausblick auf aktuelle Forschungen und Tendenzen. Es gibt bezüglich des behandelten Themas nicht nur die Aufgabe, die ich mir in diesem Buch ausdrücklich gestellt habe, also die Körpersprache in ihrer Bedeutung für das zwischenmenschliche Verhalten zu verstehen. Ebenso wichtig ist es für die einzelne Person, zu erkennen, was ihr eigener Körper ihr selbst zeigt. Er zeigt ihr durch Haltung, Bewegung, Klang der Stimme, Mimik, die Art ihres Stehens, Gehens und Sitzens – ja, und auch durch die Spuren in ihrem Gesicht und die Lebendigkeit oder Ausdruckslosigkeit ihres Blicks sowie durch ihre Schmerzen und Verspannungen, wer sie ist und wie sie im Laufe ihres Lebens dazu geworden ist. Dieser lebensgeschichtliche Punkt tauchte in meinen Überlegungen immer wieder einmal mit auf. Es sei jetzt an ihn erinnert, weil es ein Punkt ist, der (samt der Frage nach persönlicher Veränderungsmöglichkeit) dazugehört. Ihn auszuführen – das wäre aber ein neues Kapitel oder ein neues Buch.

LITERATUR

Apeltauer, E.: Kultur, nonverbale Kommunikation und Zweit-
spracherwerb. In: *Rosenbusch/Schober* (Hrsg.): A. a. O., S.
134–169.

Argyle, M.: Körpersprache und Kommunikation. Paderborn:
Junfermann, 1979.

Bateson, G./Beels, C. C.: Profile: Gregory Bateson. In: The Kinesis Report. News and Views of Nonverbal Communication 2
(1979), Number 2, p. 1–3; 15.

Birdwhistell, R. L.: Kinesics and Context. Philadelphia: University of Pennsylvania Press, 1970.

Darwin, C.: Der Ausdruck der Gemüthsbewegungen bei den
Menschen und den Thieren. Stuttgart: 1872.

Eibl-Eibesfeldt, I.: Die Biologie des menschlichen Verhaltens.
München, Zürich: Piper, 1984.

Ekman, P.: Bewegungen mit kodierter Bedeutung. Gestische
Embleme. In: *Posner, R./Reinecke, H.-P.* (Hrsg.): Zeichenpro-
zesse. Semiotische Forschung in den Einzelwissenschaften.
Wiesbaden: Akademische Verlagsgesellschaft Athenaion,
1977, S. 180–188.

Ekman, P.: Gesichtsausdruck und Gefühl. Paderborn: Junfermann, 1988.

Ekman, P./Friesen, W. V.: Handbewegungen. In: *Scherer/Wall-
bott* (Hrsg.): A. a. O., S. 108–123.

Ellgring, H.: Nonverbale Kommunikation. In: *Rosenbusch/Scho-
ber* (Hrsg.): A. a. O., S. 7–48.

Enders-Dragässer, U./Fuchs, C.: Geschlecht und Interaktion. In:
Feminin – Maskulin. Friedrichs Jahresheft VII o. J. (1988),
S. 102.

193

Fast, J.: Körpersprache. Reinbek bei Hamburg: Rowohlt, 1979.

Fitzner, T.: Expressives nichtverbales Lehrerverhalten. Eine Untersuchung zur Wirksamkeit von minimalen und maximalen Trainingsformen bei der Ausbildung von Lehrerstudenten in expressivem nichtverbalem Verhalten. Frankfurt am Main, Bern, New York: Peter Lang, 1984.

Frey, S.: Die nonverbale Kommunikation. SEL-Stiftungs-Reihe 1. 1984.

Goeppert, H. C.: Schulunterricht als Beziehungsfalle. Kritische Anmerkungen zur Brauchbarkeit des Double-bind-Konzepts. In: *Goeppert, H. C.* (Hrsg.): Sprachverhalten im Unterricht. München: Fink, 1977, S. 142 – 157.

Hall, E. T.: The Silent Language. Garden City, N. Y.: Doubleday, 1959.

Hassenstein, B.: Verhaltensbiologie des Kindes. München: Piper, 4. Aufl., 1987.

Heidemann, R.: Körpersprache vor der Klasse. Ein praxisnahes Trainingsprogramm zum Lehrerverhalten. Heidelberg: Quelle und Meyer, 1983.

Henley, N. M.: Körperstrategien. Geschlecht, Macht und nonverbale Kommunikation. Frankfurt am Main: Fischer Taschenbuch Verlag, 1988.

Hess, E. H.: Das sprechende Auge. München: Kindler, 1977.

Johnson, S.: Nonverbal Communication in Foreign Language Teaching. In: The Kinesis Report. Laws and Views of Nonverbal Communication 2 (1979), Number 2, p. 4 f.

Kainz, F.: Die ›Sprache‹ der Tiere. Tatsache – Problemschau – Theorie. Stuttgart: Enke, 1961.

König, O.: Urmotiv Auge. München, Zürich: Piper, 1975.

Mehrabian, A.: Nonverbal Communication. Chicago: Aldine-Atherton, 1972.

Meyer, H.: Unterichtsmethoden II: Praxisband. Frankfurt am Main: Scriptor, 1987.

Morris, D.: Der Mensch mit dem wir leben. München, Zürich: Droemersche Verlagsanstalt, 1978.

Morris, D.: Körpersignale. München: Heyne, 1986.

Mühlen-Achs, G.: Wie sich Macht gebärdet. In: Psychologie heute. 8/1984, S. 61 – 65.

Mühlen-Achs, G.: Kritische Überlegungen zur Geschlechtsrollentradition in der Psychologie. In: Feminin – Maskulin. Friedrich Jahresheft VII o. J. (1988), S. 36 – 38.

Poyatos, F. (Ed.): Cross-Cultural Perspectives in Nonverbal Communication. Toronto, Lewiston, N. Y., Göttingen, Zürich: Hogrefe, 1988.

Rosenbusch, H. S.: Zur Funktion nonverbaler Kommunikation im Unterricht. In: Unterrichtswissenschaft 5 (1985). S. 42 bis 54.

Rosenbusch, H. S.: Die Beachtung nonverbaler Kommunikation als Beitrag zur Kommunikationshygiene in Unterrichtsprozessen. In: *Rosenbusch/Schober* (Hrsg.): A. a. O., S. 49 – 72.

Rosenbusch, H. S./Schober, O. (Hrsg.): Körpersprache in der schulischen Erziehung. Baltmannsweiler: Burgbücherei Schneider, 1986.

Rosenthal, R./Jakobson, L.: Pygmalion im Unterricht. Lehrererwartungen und Intelligenzentwicklung der Schüler. Weinheim, Berlin, Basel: Beltz, 1971.

Rosenthal, R. et al.: Sensitivity to Nonverbal Communication. The Pons Test. Baltimore and London: The Johns Hopkins University Press, 1979.

Rückle, H.: Körpersprache verstehen und deuten. Mit Video. Landsberg am Lech: verlag moderne industrie, 1988.

Salisch, M. von: Einleitung. In: Ekman 1988: A. a. O., S. 7 – 13.

Scheffel, H./Wäschle, G.: Körper-Raum für Mädchen und Jungen. In: Feminin – Maskulin. Friedrichs Jahresheft VII o. J. (1988), S. 140 – 143.

Scheflen, A. E.: Körpersprache und soziale Ordnung. Stuttgart: Klett, 1976.

Scherer, K. R. (Hrsg.): Vokale Kommunikation. Nonverbale Aspekte des Sprachverhaltens. Weinheim und Basel: Beltz, 1982.

Scherer, K. R./Walbott, H. G. (Hrsg.): Nonverbale Kommunikation: Forschungsberichte zum Interaktionsverhalten. Weinheim und Basel: Beltz, 2. Aufl., 1984.

Schober, O.: Semiotik. In: *Stocker, K.* (Hrsg.): Taschenlexikon der Literatur- und Sprachdidaktik. Frankfurt am Main: Scriptor, 2. Aufl., 1987, S. 401 – 407.

Schober, O.: Körpersprache als Gegenstand des Deutschunterrichts. In: *Rosenbusch/Schober* (Hrsg.): A. a. O., S. 110 – 133.

Schober, O.: Zur Körpersprache von Jungen und Mädchen. In: Praxis Deutsch 12 (1985), Heft 73, S. 53 – 57.

Schulz von Thun, F.: Miteinander reden. Störungen und Klärungen. Psychologie der zwischenmenschlichen Kommunikation. Reinbek bei Hamburg: Rowohlt, 1981.

Sommer, R.: Personal Space. Englewood Cliffs, N. Y.: Prentice Hall, 1969.

Stechert, K.: Frauen setzen sich durch. Leitfaden für den Berufsalltag mit Männern. Frankfurt am Main, New York: Campus, 1988.

Tardy, J.: Was der Kollege wirklich meinte... In: Psychologie heute 15 (1988), Heft 2, S. 46 – 51.

Wallbott, H.: Gestik. Einführung. In: Scherer/Wallbott (Hrsg.): A. a. O., S. 103 – 108.

Watzlawick, P. u. a.: Menschliche Kommunikation. Formen, Störungen, Paradoxien. Bern: Verlag Hans Huber, 1969.

Werner, G.: Die stumme Sprache der Herrschenden. Zu Spiegelungen weiblich-männlicher Äußerungsformen. In: Frankfurter Rundschau, 12. 12. 1987, S. 5.

Wex, M.: ›Weibliche‹ und ›männliche‹ Körpersprache als Folge patriarchalischer Machtverhältnisse. Hamburg: Verlag Marianne Wex, 1979.

Wigand, P.: Der menschliche Körper im Munde des deutschen Volkes. Eine Sammlung und Betrachtung der dem menschlichen Körper entlehnten sprichwörtlichen Ausdrücke und Redensarten. Frankfurt am Main: Alt, 1899.

Winterhoff-Spurk, P.: Die Funktionen von Blicken und Lächeln beim Auffordern. Frankfurt am Main, Bern, New York: Peter Lang, 1983.

Wortmann, E.: Gefühle in Körpersprache und Wörtersprache. In: Praxis Deutsch 43/1980, S. 42 – 43.

GLOSSAR

Adaptor   Ein zu den **Gesten** (siehe dort) gehörendes Zeichen. Adaptoren sind meist unbewußte Berührungen, die Streß und Spannungen anzeigen. *Selbst-Adaptoren* sind auf die eigene Person gerichtet (z. B. am Ohr ziehen, sich kratzen, auf die Lippen beißen, Hand aufs Herz legen); *Fremd-Adaptoren* sind Berührungen des Gesprächspartners, *Objekt-Adaptoren* sind ungewollte Manipulationen an Gegenständen während des Gesprächs.

analog   Analoge Zeichen sind abbildender Art und haben dadurch einen direkten Bezug zu dem, was sie bedeuten (siehe auch **nachahmendes Zeichen**). Die Körpersprache ist weitgehend ein analoges Zeichensystem. In der Kommunikation kommen Gefühle und Empfindungen sowie die Einschätzung der gegenseitigen Beziehung durch die Partner vorwiegend durch analoge Zeichen (Körpersprache und sprachbegleitende Mittel) zum Ausdruck. Auch einfache Inhalte (Hinweise auf Gegenstände und Bewegungen z. B.) lassen sich durch analoge Zeichen vermitteln. Komplizierte Sachverhalte lassen sich dagegen nur mit Zeichen vermitteln, die **digital** (siehe dort) sind.

Anzeichen   Begriff der **Semiotik** (siehe dort) für die Art von Zeichen, bei der eine kausale Beziehung zwischen dem sichtbaren oder hörbaren Ausdruck und der dahinterstehenden Ursache besteht. So ist Rauch ein Anzeichen für Feuer, Fieber für eine Infektion, eine bestimmte Fußbewegung für eine Fluchtabsicht usw. Spontan entstehende körpersprachliche Zeichen gehören meist in diese Zeichengruppe. Sie sind auch immer analoger Art (siehe **analog**).

autonomes Signal Zu den autonomen Signalen gehören diejenigen körpersprachlichen Zeichen, die nicht bewußt gesteuert und damit **Anzeichen** (siehe dort) mit psychologischem und psychoanalytischem Erkenntniswert sind. Die Körpersprachforschung beachtet bei nichtsprachlichen Zeichen grundsätzlich, inwieweit sie bewußter Beeinflussung unterliegen oder (gänzlich oder weitgehend) autonom sind.

Beziehungsfalle siehe Double-bind-Situation

Code (›Kode‹) ist im weiteren Sinne jedes Zeichensystem, so auch die Sprache und Körpersprache. Im engeren Sinne versteht man unter Code gemäß der englischen Wortbedeutung (code = Chiffrierschlüssel) ein Verschlüsselungssystem, nach dem Zeichen in eine andere Zeichensprache übertragen werden. Codierte körpersprachliche Zeichen sind solche, denen ein bestimmter fester Sinn zugeschrieben wurde.

Darbietungsregel (engl. ›display rule‹) In einer bestimmten Kultur, sozialen Schicht, Familienumgebung usw. zu erlernende Vorschrift darüber, wann, wo und wem gegenüber welche Verhaltensweise zu zeigen ist. Je nach den Darbietungsregeln kann also ein Gefühlsausdruck modifiziert (vergrößert, verkleinert, maskiert, neutralisiert usw.) erscheinen.

digital Digitale Zeichen sind in ihrer Bedeutung genau festgelegt und abstrakt (symbolhaft), d. h. sie haben keinen abbildenden Bezug zu dem, was sie bedeuten. Die Sprache ist weitgehend ein digitales System, wobei aber die sprachbegleitenden Mittel (der Lautausdruck) **analog** (siehe dort) sind. In der Kommunikation werden die Inhalte (›Inhaltsebene‹) weitgehend mit digitalen Mitteln übertragen. Diese eignen sich für die Erfassung kompliziertester Sachverhalte, können aber zur Übermittlung von Gefühlen und Einstellungen zum Partner (›Beziehungsebene der Kommunikation‹) unzureichend sein. Sprache und andere digitale Systeme sind jedoch nur dem Menschen möglich. Die Kommunikation Mensch – Tier und unter Tieren ist immer analoger Art.

Double-bind-Situation   (Situation der Doppelbindung, ›Beziehungsfalle‹, ›Verhaltenszwickmühle‹ u. ä.) Situation, die durch eine Kommunikationsweise entsteht, bei der der Empfänger eine in sich widersprüchliche Botschaft erhält. Solche Widersprüche können u. a. dadurch entstehen, daß sprachlich etwas anderes gesagt wird als der Körper ausdrückt; hier ist dann weder die Reaktion auf die verbale noch auf die nonverbale Botschaft richtig. Der Empfänger befindet sich damit in einer ›Falle‹ oder ›Zwickmühle‹. Ist der Empfänger derartig doppelbödiger Botschaften emotional von der Person abhängig, durch die sie erfolgen, kann eine gefährliche psychische Dauerbelastung entstehen. (Vgl. auch **kongruent/inkongruent**).

Emblem   Ein zu den **Gesten** (siehe dort) gehörendes Zeichen. Embleme sind jeweils kulturspezifisch codierte (siehe auch **Code** und **Symbol**) Gesten, die sprachunabhängig verwendet werden können.

Gesten   (›Gebärden‹) im engeren Sinn sind Hand- und Armbewegungen zum Zweck der nichtsprachlichen Kommunikation. Gelegentlich werden auch der mimische Ausdruck und weitergehende Körperbewegungen damit bezeichnet. Nach der für die neuere Forschung wichtig gewordenen Einteilung von Ekman und Friesen unterscheidet man im Bereich der Gestik **Embleme** (siehe dort), **Illustratoren** (siehe dort), **Regulatoren** (siehe dort) und **Adaptoren** (siehe dort).

Illustrator   Ein zu den **Gesten** (siehe dort) gehörendes Zeichen. Illustratoren begleiten das Reden und beziehen sich jeweils auf den Inhalt des Gesagten. Sie werden weitgehend mit Absicht verwendet, sind aber bedeutungsmäßig nicht so genau festgelegt wie die Embleme (siehe auch **Emblem**).

Kinesik   (griechisch ›kinesis‹ = Bewegung) Die Körpersprache (Mimik, Gestik, aber auch die Bewegung des ganzen Körpers) sowie die Wissenschaft, die die Kommunikation durch körperliches Verhalten untersucht. Diese Disziplin (englisch ›kinesics‹) wurde von dem Anthropologen Birdwhistell begründet.

kongruent/inkongruent Bei der Übermittlung einer Nachricht können sich die körpersprachlichen Signale ergänzen und somit gemeinsam zur Deutlichkeit beitragen; in diesem Fall sind sie kongruent. Inkongruenz besteht, wenn einzelne körpersprachliche Zeichen zueinander in Widerspruch stehen. Hat eine Nachricht sprachliche und körpersprachliche Anteile, ist sie kongruent, wenn diese in die gleiche Richtung weisen; ansonsten ist sie inkongruent (siehe auch **Double-bind-Situation**).

kulturell/universell Schon seit Darwin hebt die vergleichende Verhaltensforschung hervor, daß z. B. mimische Ausdrucksbewegungen für grundlegende Affekte in allen Kulturen in gleicher Weise auftreten und somit universell sind. Eine gegensätzliche Betrachtungsweise (z. B. die des Anthropologen Birdwhistell – siehe **Kinesik**) behauptet, daß Ausdrucksbewegungen kulturell bedingt sind, also aufgrund der Gegebenheiten der jeweiligen Kulturkreise erlernt werden. Meist werden vermittelnde Positionen eingenommen, so von Scheflen (siehe **Monitor**) oder von Ekman. Nach Ekman ist die Mimik sowohl von einer universellen wie kulturellen Komponente bestimmt. Beides, die universellen Grundzüge wie die jeweiligen kulturellen Überformungen (siehe **Darbietungsregel**) und Veränderungen konnten nachgewiesen werden.

Metakommunikation Gespräch über die Kommunikation, also eine Aussprache darüber, wie Partner die gemeinsame Kommunikationssituation, in der sie stehen, empfinden und was sie daran geändert sehen möchten. Gerade bezüglich der vieldeutigen Körpersprache kann es nützlich sein, sich darüber zu verständigen, wie gesendete Nachrichten gemeint waren und mit welchen Reaktionen sie aufgenommen wurden.

Metasignal Ein Signal, das in bezug auf ein anderes Signal gesendet wird, um anzugeben, wie es verstanden werden soll. So kann ein Lächeln ein Signal dafür sein, daß man eine Verhaltensweise nicht ernst meint. Ein Metasignal kann an den unmittelbaren Partner gerichtet sein, aber auch – wie oft beim Augenzwinkern – an Zuschauer bei einem Kommunikationsablauf.

Monitor Nach Scheflen eine Art von Zeichen, das für ein Verhalten sorgt, wie es von der Gesellschaft erwartet wird. Bei nicht programmgemäßen Verhaltensweisen lassen sich fast immer deutliche körpersprachliche Korrekturen beobachten. Insofern ist der Begriff recht fruchtbar. Scheflen unterscheidet Monitore, die universell-menschlich (siehe **kulturell/universell**) sind (Reflexe wie z. B., daß man auf jemanden schaut, der durch sein Singen stört, oder sich von einem lauten Menschen abwendet) und solche, die kulturelle Überformungen darstellen (z. B. Mißbilligen statt durch Worte durch scharfen Blick oder Abstreifen eines Stäubchens von der Hose). Es gibt auch Monitore als Selbstkorrektur. So, wenn jemand in unzulässiger Weise irgendwo hinsieht und sich, wenn er dabei ertappt wird, die Augen reibt – als Andeutung, daß sie ihm nicht richtig gehorcht haben.

nachahmendes Zeichen Zeichen, das mit dem, was es bedeutet, dadurch in Beziehung steht, daß es eine mehr oder weniger deutliche Abbildung leistet. Im Bereich der Verkehrs- und Hinweisschilder sind die modernen, allgemein verständlichen ›Piktogramme‹ ein Beispiel. Körpersprachliche Zeichen sind als ›analoge Zeichen‹ (siehe **analog**) oft von sehr deutlich nachahmender Art.

Proxemik (lateinisch proximus ›der nächste‹) Das menschliche Raumverhalten sowie die Wissenschaft (englisch ›proxemics‹) davon. Diese Disziplin untersucht u. a. die körperliche Distanz zum Partner, körperliche Berührungen, die Benutzung des jeweils zur Verfügung stehenden Raums und die Rolle von Geruchseindrücken bei der Kommunikation. Die jeweiligen Verhaltensweisen werden unter dem Aspekt ihrer kulturspezifischen Ausformungen verglichen.

Regulator Ein zu den **Gesten** (siehe dort) gehörendes Zeichen. Regulatoren sind Gesten und auch Körperbewegungen insgesamt, die die Rede begleiten. Anders aber als die **Illustratoren** (siehe dort) unterstreichen sie nicht die jeweils geäußerten Inhalte, sondern dienen der Steuerung des Gesprächsablaufs, vor allem dem Sprecher-/Hörerwechsel.

Semiotik Die Wissenschaft von den sprachlichen und außersprachlichen Zeichen, von deren Bedeutungen, Systemen und Wirkungen. Die Einteilung der Zeichen in die Arten **Anzeichen** (siehe dort), **nachahmendes Zeichen** (siehe dort) und **Symbol** (siehe dort) folgt einer semiotischen Unterscheidung.

Symbol Zeichen mit einer festgelegten Bedeutung (siehe auch **Emblem** und **Code**).

REGISTER

HEYNE BÜCHER

Praktische Lebenshilfe in Lebenskrisen

HEYNE RATGEBER

Bücher, die Mut machen, denn es gibt immer einen Ausweg.

08/9166

08/9203

08/9157

08/9152

08/9170

08/9147

Wilhelm Heyne Verlag München

HEYNE BÜCHER

HEYNE TASCHENBÜCHER

Die eigene Persönlichkeit entdecken

Mimik, Gestik, Körperhaltung und Farben spielen im Umgang mit Menschen eine wichtige Rolle: durch sie werden Machtverhältnisse, Sympathie und Abneigung signalisiert. „Stumme Äußerungen" verraten viel über die eigene Persönlichkeit – und die der anderen.

HEINRICH FRIELING

Mensch und Farbe

Psychologische Bedeutung und Wirkung von Farben für Kontakt und Kommunikation

Kompaktwissen

22/215

Gerry Rhodes / Sue Thame

Die Farben des Menschen

Was Farben über unsere Persönlichkeit verraten

19/5

JULIUS FAST

Körpersignale der Macht

Der kreative Weg zu mehr Erfolg und Einfluß

Kompaktwissen

22/206

PSYCHO

Bärbel Schwertfeger

Macht ohne Worte

Körpersprache und Selbstinszenierung

17/14

Wilhelm Heyne Verlag München

HEYNE RATGEBER

Das Kräuterbuch für die ganze Familie

Gesundheit aus der Natur mit Heilkräutern

Ein Familien-Kräuterbuch vor allem für Eltern, aber auch für alle, die die heilende Kraft der Kräuter praktisch in ihren Alltag integrieren wollen, um natürlicher und gesünder zu leben.

**Barbara & Peter Theiss:
Gesünder leben
mit Heilkräutern**
Originalausgabe
08/9201

Wilhelm Heyne Verlag München